本书系北京市教育科学"十四五"规划 2022 年度优先关注课题"首都高校研究生教育质量提升研究"［课题编号：CDEA22009］阶段性成果。

思想政治教育研究文库

——

匠心筑梦

高校辅导员工作案例选编

王丽君　解丹坤　主编

光明日报出版社

图书在版编目（CIP）数据

匠心筑梦：高校辅导员工作案例选编 ／ 王丽君，解
丹坤主编 . -- 北京：光明日报出版社，2025.1.
ISBN 978 - 7 - 5194 - 8420 - 0

Ⅰ. G645.1

中国国家版本馆 CIP 数据核字第 2025MF6985 号

匠心筑梦：高校辅导员工作案例选编

JIANGXIN ZHUMENG：GAOXIAO FUDAOYUAN GONGZUO ANLI XUANBIAN

主　　编：王丽君　解丹坤			
责任编辑：刘兴华		责任校对：宋　悦　李佳莹	
封面设计：中联华文		责任印制：曹　净	

出版发行：光明日报出版社

地　　址：北京市西城区永安路 106 号，100050

电　　话：010-63169890（咨询），010-63131930（邮购）

传　　真：010-63131930

网　　址：http：// book. gmw. cn

E － mail：gmrbcbs@ gmw. cn

法律顾问：北京市兰台律师事务所龚柳方律师

印　　刷：三河市华东印刷有限公司

装　　订：三河市华东印刷有限公司

本书如有破损、缺页、装订错误，请与本社联系调换，电话：010-63131930

开　　本：170mm×240mm			
字　　数：269 千字		印　　张：15	
版　　次：2025 年 1 月第 1 版		印　　次：2025 年 1 月第 1 次印刷	
书　　号：ISBN 978 - 7 - 5194 - 8420 - 0			

定　　价：95.00 元

编委会

前　言

　　习近平总书记在全国教育大会上指出，思想政治工作是学校各项工作的生命线，各级党委、各级教育主管部门、学校党组织都必须紧紧抓在手上。高校是人才培养的主阵地，必须坚守为党育人、为国育才的初心使命，落实立德树人根本任务，为实现中华民族伟大复兴的中国梦提供人才支撑。辅导员作为高校思想政治工作的骨干力量，在学生全面发展、成长成才等方面起着关键性的作用。因此，着力打造一支高素质、专业化、职业化辅导员队伍，才能不断提升大学生思想政治教育工作的质量，培养堪当民族复兴重任的时代新人。

　　中共中央、国务院发布的《关于进一步加强和改进大学生思想政治教育的意见》（以下简称《意见》）指出，加强和改进大学生思想政治教育，提高他们的思想政治素质，把他们培养成中国特色社会主义事业的建设者和接班人，对于全面实施科教兴国和人才强国战略，确保中国特色社会主义事业兴旺发达、后继有人，具有重大而深远的战略意义。为了更好地贯彻落实《意见》的有关精神，按照《北京高校辅导员工作精细化手册》《北京工业大学关于进一步加强辅导员班主任工作的若干意见》（工大党发〔2014〕10号）、《北京工业大学辅导员队伍建设实施办法》（工大党发〔2018〕13号）等工作要求，北京工业大学信息学部着力探索大学生思想政治教育工作的新路径，围绕如何提升辅导员工作的专业化、职业化、精细化水平，面向全体辅导员征集在日常思想政治教育和管理工作中有代表性的实际案例百余篇，并根据案例类型，将案例分为四大类，分别是思政教育篇、学业规划篇、危机应对篇和就业规划篇。每篇案例都是来自实际工作，针对大学生关注的热点、难点问题开展深度辅导，提出个人见解和工作建议，旨在聚焦学生发展责任担当、实践创新、人文底蕴、科学精神、学会学习、健康生活六大核心素养，构建以安全稳定为基础、以理想信念为核心、以素质提升为主线、以学生组织为载体、以全媒体技术为手段、以立德树人为目标的"六位一体"学生工作体系，从而为全面做好学生管理工作，提升辅导员工作的专业化、职业化、精细化水平作出贡献。

本案例集的实际性和可操作性，对辅导员开展工作具有一定的参考价值，希望可以为高校思想政治工作提供借鉴。同时，如有编写中的不当之处，还请批评指正。北京工业大学信息学部将进一步加强辅导员队伍建设，提升辅导员的政治素养、理论水平和专业能力，真正把思政工作做在日常、做到个人。

2024 年 1 月

目　录
CONTENTS

学业规划篇

危机应对篇

就业规划篇

01

思政教育篇

根据《关于加强和改进新形势下高校思想政治工作的意见》《高校思想政治工作质量提升工程实施纲要》等相关要求，按照《高等学校辅导员职业能力标准（暂行）》《普通高等学校辅导员队伍建设规定》《普通高等学校学生管理规定》等文件规定，高校辅导员应加强对高校学生的思想政治教育和引领，在思想理论教育和价值引领、党团班一体化建设、学业辅导与学风建设、学生日常事务管理、心理健康教育与咨询、网络思想政治教育、职业规划与就业创业指导等常规工作中精细化、精准化、规范化，真正把思想政治引领贯穿高校辅导员工作始终。

从"入学适应"问题入手，形成长效发展培养方案

一、案例概述

信息类专业学生小杨，为京内生源，高考分数名列前茅，高分进入学部。该生积极外向，喜欢与人交流，热爱学生活动，主动担任班长职务，还参加了学生会等多个学生组织。但伴随着大学学习节奏的加快，C语言等专业课难度的提升，以及学生组织工作、班内工作的压力同时涌来，该生终日疲于应付，在学生组织内表现不佳，因投入时间少和精力不集中，期中成绩也非常不理想。该生无法接受这种落差，觉得自己不适合大学生活，对自身接下来的规划也很茫然。

随着一系列新生入学教育的持续推进，该生感受到学部对于新生过渡期的陪伴与呵护，逐渐适应了大学生活的学习节奏与工作方式：通过启鹏大师讲堂和科技宣讲等各类讲座，该生从学习计划、科技竞赛以及未来升学规划等方面为自己制订了规划；通过参加团校和党课，成为入党积极分子，在思想上更加成熟；在参加各类学生组织的活动中学习经验、结交朋友，在组织班级内部活动时进行历练、沟通友谊。

目前该生已经顺利度过新生第一年适应期，在第二学年的奖学金评定中获得校级学习优秀奖和优秀学生干部奖，不仅能够协调好自身学业和社会活动的时间精力分配，同时还能带动起班级同学，共同完成学部的各类活动安排，充分发挥自身力量，实现了充实自我与服务他人的统一。

二、分析与应对

"00后"作为具有新时代特色的学生群体，步入大学后，开启了更加具有自主性、探索性和创新性的学习生活，"思想活跃""观念新颖""兴趣广泛""视野开阔"，但也存在"因价值观念更加多元化，容易走极端""个人意识强

烈，团队意识淡薄"等特点。

如何构建高校辅导员与班主任、导师、专业课教师协同育人的长效机制，最终形成全员、全过程、全方位协同育人的新局面是提升高校人才培养实效性的必然要求。

学部构建启鹏工程"7+X"培养体系，"7"是指7个教育模块，即从新生适应教育入手，夯实个人发展基础；"X"是指基于学生个性化成长需求，依托大数据和第二课堂成绩单，形成不同专业分类培养方案，提供专业进阶、跨学科发展、创新创业等多种发展路径，建立学生个人信息画像和成长档案，更好地为学生创造更加多元的发展空间，提升各方面能力。

（一）探索思想政治教育供给侧改革，充分发挥思政引领主阵地优势

面对教育主体思想多元化、需求个性化，探索以学生为中心的思想政治教育供给侧改革，通过将第二课堂课程化、清单化，充分发挥育人主体的主观能动性。

打破第二课堂"重活动、轻需求""重趣味，轻内涵""重业绩，轻协同"的一系列问题，使第二课堂成为学生提高自身综合素质、丰富实践经验的重要渠道，成为思政育人的主阵地。

（二）坚持互通融合，逐步打造德能双育新格局生态

坚持问题导向，依托"互联网+"创新为载体，以提升学生综合素养、担当民族复兴重任为目标，在第二课堂课程设计中"第二课堂"与"第一课堂"协同设计，使"线下互动"与"线上学习"共同运用，将"翻转课堂"与"主动学习"彼此补充，将"理论学习"与"实践体验"相互融合等，突出联动，用好育人优质资源，构建德能双育的新格局。

（三）打造立体矩阵，不断推进协同育人新机制发展

立足于新时代，为时代发声、为学生引航、为育人增效，打造由思政专家、专业教师、辅导员、企业校友、学生社团等共同组成的协同育人团队，实施"启鹏工程"，开展学生适应教育，促进学生全面发展，形成信息类专业学生"入学适应—全面提升—长效发展"的进阶式闭环培养长效机制。

三、反思与启示

在学生管理中，建立学生成长的长效机制，需将思政教育与专业教育相结合，将社会主义核心价值观和个体的理想相融合，聚焦国家一流本科专业和新工科建设要求，以第二课堂为抓手，确立"立德树人，以人为本，创新发展"的协同育人理念，形成纵横交错、三维立体的三全育人队伍，构建了分步骤、

分模块，立体化、精准化的三全育人培养体系以及创新进阶式闭环培养模式。切实加强学生思想政治教育，培养信息领域"又红又专"的创新型专业人才，培养德智体美劳全面发展的社会主义建设者和接班人。

供稿人：张良坪

大学新生学业辅导与学风建设实践探索

一、案例概述

入学伊始，小明这名大一新生的表现可圈可点，但随着时间的推移，他对学业的热情逐渐降温。开学初的热忱被日渐浓重的迷茫和挫败感取代，导致他频繁旷课，成绩也在一路走低。期末考试的成绩不佳让他收到了学校的试读警告。在辅导员的多次探访下，小明的网络游戏沉迷问题和糟糕的卫生习惯暴露无遗。在一次深入的谈话中，小明表达了对未来职业道路的迷茫和对所学专业的不确定感。面对这样的状况，辅导员决定采取深度个性化辅导，以期帮助他找回学习的方向和动力。

二、分析与应对

在与小明的互动中，辅导员投入了大量的时间和精力，通过耐心倾听和充满共情的交流，逐渐与小明建立起了牢不可破的信任关系。辅导员深入了解了他的个人背景和内心世界，通过对话和观察，辅导员发现小明过去在高中时期的学习成绩很大程度地依赖于一套固定而严格的学习模式。然而，面对大学自由而多变的学习环境以及不断升级的学业挑战，小明显得手足无措，对此感到极度困惑和压力重重。更为复杂的是，小明对他所选择的专业——计算机科学并没有真正的热情，这无疑加剧了他的适应问题。

针对这些挑战，辅导员与小明一起制订了一份个性化学业规划。辅导员跟他详细探讨了他的兴趣所在，并尝试将这些兴趣与可能的职业道路相匹配。辅导员和小明一起挑选了一系列既能够激发他兴趣又有助于专业学习的课程和活动。这样做不仅让小明在日常学习中找到了清晰的目标和动力，也让他看到了IT行业广阔的发展前景和潜在的高收入回报，这些都极大地激发了他对计算机科学专业的兴趣。

为了帮助小明更好地适应大学学习环境，辅导员向他介绍了一系列高效学习的技巧，包括时间管理技巧、有效笔记方法以及应对考试的策略。辅导员还教会了他如何面对挫折和压力却始终保持积极向上的心态。除此之外，辅导员还鼓励宿舍里的同学们都参与进来，与小明一同建立起互助互学的小团体，这样不仅提高了小明的学习效率，也增进了同学间的友谊。

通过这样综合而有针对性的辅导策略，小明逐渐找到了适合自己的学习节奏，并在专业领域内重新燃起了学习的激情。他开始主动探索计算机科学的各个分支领域，并且在课外活动中也展现出了前所未有的活力和热情。随着时间的推移，小明不仅在学业上取得了显著进步，更重要的是，在心理状态和情绪调节上也获得了巨大成长。

三、反思与启示

通过对小明的深度辅导，彰显了个性化辅导的重要性。每位学生都有其独一无二的特质，个性化辅导能够充分尊重和利用这些特质，为学生提供最适合他们的方法。个性化辅导不仅涉及学业指导，更包括对学生心理状态的关注，以及对他们问题的深入理解。这要求辅导员，不能采取一刀切的方法，而应该根据每个学生的具体情况制订不同的辅导计划。例如，对于小明这样在专业选择上有困惑的学生，可以通过职业规划辅导、兴趣探索等方式帮助他们找到自己的热情；而对于那些学习方法不当的学生，则可以通过提供有效的学习技巧训练来促进其学业进步。

在与小明的互动过程中，建立信任关系最为重要。信任是辅导成功的基石，也是与学生建立深层次沟通的前提。只有当学生感到他们被理解和尊重时，他们才会愿意开放自己，接受辅导员的建议和帮助。建立信任关系需要时间和耐心，这意味着辅导员要始终表现出真诚和关心，通过一致的行为和言谈来赢得学生的信任。在小明的案例中，多次的谈话、倾听和共情，让他感受到被支持和理解，这为他的转变奠定了基础。

深度辅导是一个长期的过程，它不仅仅关注对学生问题的解决，更重视对学生持续成长的支持。在对小明的辅导过程中，持续关怀和支持的作用十分重要。学生的成长是一个动态的过程，可能会遇到各种预料之外的挑战。因此，辅导员需要具备灵活性，能够根据学生发展的实际情况，随时调整辅导计划。通过长期的跟踪和支持，辅导员能够帮助学生巩固学习成果，提升其自我调节能力，并在学生的心智和情感发展上起到积极的促进作用。

供稿人：付邵阳

做好规划教育，帮助学生平衡学习和工作

一、案例概述

A 同学担任班长以及学校组织的负责人，性格开朗，做事雷厉风行却又细心认真，善于沟通交流，在同学之间具有很好的口碑。但是，由于其数学基础较为薄弱，再加上担任学生干部占用了一部分学习时间，因此导致其大二下学期的几门课程（需要较好的数学基础）成绩并不理想。继而在大三上学期评定奖学金和评选"三好学生""优秀学生干部"时，小 A 同学都"无缘"这一系列的荣誉，同学们议论纷纷，小 A 有些沮丧，找辅导员述说了心中的苦闷。

二、分析与应对

此案例具有普遍性和代表性，反映出在大学校园里一些"身兼数职"的学生干部无法很好地平衡自己的学业、工作和生活，更深层次地暴露出部分学生干部的规划能力、学习能力、抗压能力等方面存在不足。同时，也反映出他们的动机、思想和荣誉观（利益观）等也存在偏差，这是当前教育不容忽视的一个问题。想要处理好此问题，关键点在于如何帮助小 A 同学正确对待各方面压力，化压减负，合理规划大学生涯，树立正确的荣誉观（利益观）。

1. 主动约谈，认真倾听，安抚情绪。小 A 同学诉说自己一直以来承担着大量的学生工作，这势必会占用自己的学习时间，因而在合理分配学习与工作的时间上显得力不从心。然而有的同学还不认可他做的工作，他很困惑甚至失望，觉得自己明明已经付出了这么多。我站在小 A 同学的立场上进行了换位思考，表示完全可以理解他的心情，尝试来平复其委屈的情绪。

2. 肯定业绩，充分认可，重拾信心。在耐心倾听完小 A 同学的诉说后，我对其进行了充分肯定和鼓励。告诉他，其担任学生干部的两年多来，带领班级、同学取得了多项荣誉，也为学生组织的发展付出了自己的心血，获得了老师和

同学们的一致认可和赞扬。此时，小 A 同学觉得自己的辛苦付出并不全是"无用功"，使其重获信心，进一步坚定了其继续为同学服务的决心。

3. 合理引导，指出问题，正视不足。小 A 同学既有值得肯定的地方，同时也有不足之处。通过对其进行耐心引导，小 A 反思自己存在不足：一是"身兼数职"任务繁重，导致学习与工作主次不分，引导其明确学习仍是主要任务，同时也是做好学生工作的前提；二是存在着基础较弱的课程，自己却没有足够重视。因此，找出其问题的关键点在于：如何合理有效地规划好自己的学习与工作，设立优先级，如何守初心、担使命、长才干，如何正确衡量自己的所获所得。

4. 加强合作，合理规划。首先，我引导班委之间要加强合作，提高工作效率。其次，也告诉小 A 作为负责人要学会合理分配任务。作为学生，最主要的任务还是学习，做学生干部只是提高综合素质与各方面能力的一种途径，合作交流必不可少。最后，我教导小 A 同学要合理规划自己的时间，明确自己的目标定位，要掌握正确的学习方法与技巧，提高自己的学习效率，真正做到学习与工作两不误。针对学业困难问题，可以督促其参加学校组织的学习辅导，或者组织学习小组，共同弥补落下的学业。

三、反思与启示

1. 学习与工作是一个矛盾体，处理好两者的关系，其实也是认识矛盾、解决矛盾的过程。我们要树立正确的矛盾观，用马克思主义的辩证唯物论与唯物辩证法来认识这个矛盾，分析并揭露矛盾，解决好矛盾，从而正确地处理好学习与工作的关系。在学生骨干选拔方面，除了看重其组织协调能力外，还应充分考虑其学业基础和时间管理能力。这样可以确保那些能够平衡学习和工作的学生承担更多的责任。

2. 做好规划教育，帮助学生干部减负升值。在日常教育中，应强调学习与工作同等重要，帮助学生树立全面发展意识，提高他们的自我管理能力。作为辅导员，首先要引导学生干部认识到学习是第一主线任务，不能因为工作而耽误了学习。其次，引导他们树立规划意识，合理分配时间并善于利用碎片时间，正确处理好学习与工作的关系，以期达到两者相互促进的目的。最后，教育学生干部要借助"外力"不断提升自己。可以向优秀的学长学姐请教与交流，借鉴有效的方法来提高学习效率与工作效率。

供稿人：吴皓璐

从军人家庭到大学生活的心理适应旅程

一、案例概述

学生小 B 在军人家庭中长大，父母工作繁忙，教育方式受军事管理影响，以过度的控制和指挥为主。由于缺乏温暖的家庭环境，小 B 在成长过程中形成了安全感缺乏、过度自我防御的心理特征。这些问题在大学生活中表现得尤为明显，尤其是在人际交往中，小 B 因为不懂得如何共情、不能换位思考，导致与宿舍同学关系紧张。

通过持续的谈心谈话与辅导，辅导员发现了小 B 心理健康的核心问题，并与其一同探讨了解决方案。在调换宿舍、改善宿舍环境的同时，辅导员建议小 B 进行心理咨询，以便更全面地应对个人发展中的挑战。小 B 接受了建议，打算近期开始咨询。

同时，辅导员通过电话与小 B 的父母进行长时间的沟通，详细了解了家庭情况。通过给予科学的教育理念和亲子沟通的建议，辅导员成功引导其父母改善了对待小 B 的方式。亲子关系开始有了显著的提升，父母逐渐理解了孩子的需求。

二、分析与应对

（一）军人家庭背景的影响

小 B 在军人家庭中长大，家庭教育方式受到军事管理的影响，导致他在人际交往中出现了缺乏共情、过度自我防御等问题。辅导员通过深入谈话，了解学生的家庭背景，以更好地了解其心理健康状况。

（二）人际交往困难

小 B 在宿舍关系中遇到了困难，不能有效地与同学沟通。辅导员通过调整宿舍环境，帮助小 B 逐渐适应新的社交环境，同时通过谈心谈话，提供人际交往技能的辅导。

（三）心理咨询建议

鉴于小 B 的心理问题，辅导员提出了进行心理咨询的建议。这是为了帮助学生更好地了解自己的心理状况，提供专业的心理支持，以促进他的个人成长和发展。

（四）家庭沟通与建议

通过与小 B 父母长时间的沟通，辅导员成功引导了其父母改善对待孩子的方式。父母更加注重亲子沟通，采用科学的教育理念，为学生提供温暖、理解和支持的家庭环境。

三、反思与启示

（一）综合考虑个体差异

在心理辅导中，辅导员需要深入了解学生的个体差异，包括家庭背景等，以制订更符合学生实际需求的辅导方案。

（二）及时调整环境

对于人际关系紧张的学生，及时调整宿舍环境可以为其提供更好的社交体验，有利于心理健康状况的改善。

（三）建议心理咨询

针对学生的心理问题，建议其进行心理咨询，为其提供专业的心理支持，有助于学生更全面地了解和处理自己的心理状况。

（四）家庭协同

与学生家长积极沟通是帮助学生改善心理健康状况的重要途径。通过家庭协同，可以更全面地关注学生的需求，促进其综合发展。

（五）关注亲子关系

通过与家长的合作，辅导员可以对亲子关系进行有针对性的引导，帮助家庭建立起更加健康、理解和支持的互动模式。

供稿人：刘佳静

学生宿舍，思政教育"新阵地"

一、案例概述

小张在初入学时就面临着挂科的危险，通过与他谈心谈话，发现他性格内向，在交谈时总是低着头，双眼无神，而且面色苍白。经了解到他来自甘肃偏远地区，在数理方面基础较薄弱。辅导员在交谈中引导他在数理方面弥补短板，同时为他安排了高年级党员骨干进行学业帮扶，并与小张父母进行了沟通。在之后的多次谈话中，他依然总是低着头，只偶尔回应几句话，学习成绩未见改善。直到一次在宿舍走访时，发现小张正在全神贯注地玩游戏，同时对着屏幕大声呼喊，这与之前见到的他截然不同，我意识到他学业困难更主要的原因是他没有端正学习态度。

二、分析与应对

这个案例看似是解决小张学业困难的问题，实际上是通过宿舍走访了解学生真实的学习和生活状态，从而找到切实可行的解决方案。

在大学中，宿舍是学生主要的休息场所，也逐渐承担了更多的功能。学生会在宿舍里学习、发展爱好，同时，也有学生在宿舍里玩游戏、刷视频，甚至抽烟酗酒、大声吵闹。宿舍逐渐成为学生在校园里的舒适和安逸区，也成为学校重点关注的区域。要了解学生的真实情况，还是需要到生活场景中去，观察学生最自然的状态。通过不断的宿舍走访，发现学生在宿舍里会更加放松且乐于分享。因此，在学生宿舍中进行思政教育是十分必要且关键的工作。

谈心谈话是开展思政教育的重要途径和主要方式。通常辅导员的办公室远离学生宿舍，谈心谈话通常在辅导员办公室或谈话室进行。然而，对大多数学生而言，办公室是陌生且严肃的地方，因此在约谈学生时可能导致学生在日常生活中的表现与在老师办公室中的表现不一致。出现以上情况的主要原因是谈心谈话的场景应用不当，教育方式不够灵活。因此，辅导员应主动走进学生宿舍，及时了解和纠正学生的不良状况，有针对性地开展工作。

本人在兼任社区辅导员期间，发现在宿舍开展以了解学生日常表现为目的的一般性谈心谈话具有良好的效果。通过在学生宿舍组织座谈、"居室美化"等各类活动，可以让学生更放松地参与，活动氛围更为融洽。结合活动开展思想引领等工作也有了潜移默化的效果。

三、反思与启示

辅导员需高度重视在学生宿舍的思政教育工作。在高校思政教育工作中，应当坚持以学生为主的工作方法，真正做到"到学生中去"。仅仅通过联系学生到办公室了解学生是不够的，应当真正了解他们的学习生活，其中最直接的方式就是进入宿舍，从而更好地融入他们的生活，为引导和教育提供更准确的信息。对于辅导员而言，即使未担任社区辅导员，为了更好地贴近学生，也需要加强宿舍走访的频次，将一些适合的学生活动搬到宿舍进行，使同学们"足不出户"也能获得锻炼和成长的机会。

目前，许多高校正在实施书院制度或一站式学生社区建设，主要负责学生的第二课堂教育培养工作，共同的特点是开设在学生宿舍或生活集中区域。这种空间位置的设定更便于学生参与各类第二课堂活动。书院制教师的办公场所同样设置在宿舍楼里，学生的生活场所和老师的工作场所是相互交融的，自然促使学生和老师更频繁地交流，且成本也相对较低。未来，应该借鉴书院制的培养模式，将更多思政教育和第二课堂引入学生集中的生活区域进行。

学生宿舍是否按照专业和班级进行分配存在一定的差异。同一宿舍的学生可能来自不同专业，课程和实践安排各异，这导致学生缺乏统一的学习节奏和氛围。目前博士生由于专业人数的问题，几乎都是来自不同专业、不同课题组的同学居住在同一个宿舍，而本科生宿舍是以同一专业集中住宿为主的。通过多次宿舍走访对比发现，同专业宿舍具有更好的学习氛围和宿舍环境，宿舍矛盾也相对较少。因此，可以进一步研究学生宿舍分配对学生成长教育的影响。

供稿人：刘子豪

真心关怀助力新生完成心理上的"蜕变"

一、案例概述

刘同学为大一新生，刚进入大学生活时，对于学习和生活都缺乏全面、细致的规划，自我意识也比较强，不善于与人交往。上课时精力不集中，在课堂上打瞌睡、逃课或请假，因此对于所学的知识掌握甚少。在学习之外的事情上，比如，打篮球、玩游戏、外出游玩等却投入大量时间，以至于一学期下来，课程落下非常多。刘同学感觉很苦恼，多次抱怨道："老师，我真的不知道未来的大学生活该如何度过了，我在生活上过得不好，没有朋友，学习我也学不好，我觉得我的大学生活一无所获，可是将来我怎么找工作啊，我很害怕，都不想念了……"

二、分析与应对

当前，很多初入大学的新生都存在着难以适应大学生活的问题，如果不尽快解决，可能会导致更加严重的问题，从而影响身心健康。辅导员作为学生的坚实后盾，应积极地通过开展深入交流、思想引导等措施，尽快帮助学生找到适合自己的大学学习和生活方式、节奏，从紧张焦虑中恢复平稳心态。很多大学生在初入大学的时候都会不适应，无论是"好学生"，还是所谓的"问题学生"，在接触新环境时都不会十分得心应手，有的同学将始终会被负面情绪困扰。

辅导员对于刘同学的情况十分着急，为了帮助他调整心态，适应大学生活，做了如下措施。首先，与刘同学面对面进行深入交流，分析他的处境与问题，帮他找到问题的症结所在，加强关注他的生活与学习情况，每周找他谈话至少一次，提醒班级负责人，多关注他和其他几位心理上出现落差的同学，也让班级同学多带他进行学习活动。其次，及时和他的父母取得联系，了解刘同学在家里的相关情况，提醒家长加强对孩子的关心。最后，帮助他改善一些不适应的情况。具体措施如下：

首先，通过教育引导，让他认识到大学生活和高中生活的不同。在大学，学习要靠自主学习，转化为自己真正的能力。中学到大学是重大转折，同时也要懂得自我调节情绪。适应大学教学规律，掌握大学的学习特点，选择适合自己的学习方法，这些对于刚入学的大一新生来讲尤为重要。通过沟通，刘同学表示要努力端正学习态度，要调动自己的学习积极性。

其次，成立各个班级的互助结对子，做到共同进步。建议刘同学在上课时主动坐到课堂前排，要主动在课中、课后询问老师，或与老师讨论，通过各种方式提高刘同学学习的质量，调动其积极性，营造出良好的学习氛围，转化为主动学习。

再次，引导他做学业生涯规划，帮他重拾信心。有好的规划才会有努力的方向，刘同学的大学不适应问题，多半是由于没有规划所致，根据他的特点进行分析和引导，制订出适合自己的学生生涯规划，给予其相应的指导、调适，帮助他树立学习和生活的信心。

最后，在生活上关心，定期到班级、寝室了解学习、生活情况，询问近期遇到的困难与问题，动员宿舍的同学多包容刘同学，在其松懈时提醒，再通过宿舍的活动与交流，慢慢引导他进行人际交往。同时，主动和他的父母取得联系，让他的父母及时关心他在学校的近况，让他感觉到温暖和关爱，通过同学间的关心提升他在大学中的归属感、认同感，使他逐渐适应大学节奏。

在近两个月的耐心开导与帮助下，刘同学重新找回了自信并逐渐适应了大学生活，学会了如何学习、工作和生活，对未来又充满了信心。

三、反思与启示

通过解决刘同学的问题得到的启发是：新入学大学生的特点是情绪起伏已不像中学生那样明显，直接就能察觉；学生处在心态波动期，不愿意与家长或老师进行主动交流，要求辅导员能够灵敏地捕捉这些问题，通过"蛛丝马迹"去判断学生是否需要帮助。

在新生适应性问题上，辅导员需要为学生们做到以下四点：一是教会学生们如何适应大学生活，调整心态；二是培养学生主动学习的习惯；三是教会学生规划自己的人生；四是培养学生良好的人际交往能力，在学业压力较大的时候，避免心理压力过大，通过同学间的相互支持得到较好的缓解。

供稿人：王昊

蜕变新自我，融入新旅程

一、案例概述

D 同学是一名转专业学生。在转专业后，她面临着融入新集体、适应新环境等挑战。在辅导员与她的交流中，D 同学表达了她的困惑和焦虑，特别是当她面对一群陌生的同学和需要参与小组讨论或合作项目时，她感到孤独和迷茫。此外，D 同学的舍友仍然是原专业的同学，与她的上课时间和作息时间不一致，这增加了她的心理压力。她担心自己的学习和生活习惯会对舍友造成困扰，导致她在宿舍内过于保持安静以避免产生噪声或干扰。同时，由于与现专业同学的见面机会较少，沟通交流也相对较少，使得她在课堂上感到局促不安，无法轻松与同学们进行互动和交流。D 同学渴望与新同学们建立友好的关系，互相支持和学习，但她暂时无法找到适合自己的角色和位置。

二、分析与应对

了解到 D 同学内心的真实想法后，该生辅导员判断这是关于转专业同学融入新环境、走出舒适区、学会蜕变自我等方面的问题，于是采取以下做法：

1. 了解深层原因并给予理解

在一对一谈话中，辅导员耐心地倾听了 D 的处境。了解到 D 同学转专业的原因是对信息安全领域有着浓厚的兴趣，并希望在这个领域有更多的发展机会。然而，由于转专业后的孤立感和对新环境的不适应，D 同学感到自己距离目标还有很远的距离，缺乏适应新环境的信心。

2. 提供实质性的建议和解决办法

辅导员决定给予 D 同学积极的支持和帮助。首先给 D 介绍了信息安全专业的学长学姐，通过与他们交流，D 可以获得宝贵的学习经验和适应新环境的方法。其次，辅导员还建议 D 主动与舍友沟通，告诉她们自己的困惑和需求。再次，为 D 安排了和现在专业同学的线下交流，增加了他们见面的机会，帮助 D 更好地融入新专业的集体。最后，为了帮助 D 尽快进入学习状态，向 D 推荐了一些学习方法和资源。

3. 给予精神层面的支持鼓励

在提供实际解决办法的同时，辅导员也时刻给予 D 精神上的支持和鼓励。她告诉 D 每个人都会遇到困难和阻碍，这是正常的，不必因此感到气馁或失望。辅导员鼓励 D 保持乐观的态度，勇敢地面对困难，并引导她树立积极的心态。

4. 在日常中给予关注、增加交流

对 D 的情况进行跟踪和关注。经常找她交流，询问她的学习和生活情况，鼓励她分享自己的感受和体验，并和她的班主任进行沟通，共同关注她的状态。

三、反思与启示

D 同学的困惑和焦虑，不仅来源于学术上的不适应，还包括人际交往、心理调适等多方面的问题。这提醒辅导员，应当对转专业的学生给予更多的关注和帮助。

首先，辅导员需要认识到每个转专业学生的具体情况和问题可能有所不同，不能一刀切地用同一个办法解决所有问题。因此，深入了解学生的需求和困难是至关重要的。只有真正了解他们的内心世界，才能提供有针对性的指导和支持。

其次，辅导员应当注重培养学生的适应能力和自我调节能力。适应新环境是一个过程，不可能一蹴而就。这不仅有助于解决当前的问题，还能为学生未来的发展打下坚实的基础。

再次，加强与其他教师、辅导员的沟通合作是必不可少的。学生的问题往往不是孤立的，可能与他们在其他方面的表现有关。通过多方面的合作，可以更全面地了解学生，更有效地解决他们的问题。

最后，辅导员应该不断地反思和总结经验教训。每一个学生都是独特的，他们遇到的问题和挑战可能各不相同。通过不断地积累经验，可以更好地应对各种情况，为学生提供更好的支持和帮助。

供稿人：王爱渌

及时疏导、时常关注，助力学生健康成长

一、案例呈现

学生 A 从大一开始就不喜欢自己的宿舍，认为大家很内卷，因为舍友们除了学习，不会敞开心扉聊什么，而且舍友们经常模仿自己，保持和自己的进度一致，这让学生 A 的内心很有侵犯感。学生 A 是单亲家庭，和母亲一起生活，遇到问题怕母亲担心不会和母亲讲太多，学习、生活上的问题多是自己消化解决。

学生 A 目前大三，学习成绩排名靠前，能够拿到保研资格，但感觉自己学不过男生和热爱这个学科的人，有很多顾虑，对学校不满意；想出国留学，但是经济上不太允许，所以目标是能够去国外直博并拿到全额奖学金。

二、分析与应对

在大学的生活中，舍友间的互动和关系有时会引发一些小插曲。首先需要及时诊断问题根源，由于舍友经常模仿她的行为，导致她觉得她的个人空间和独立性被侵犯。每个人都有自己的独特性格、习惯和生活方式，而这些特质在很大程度上塑造了我们的身份和自我价值。当舍友频繁模仿她的行为时，这可能会给学生一种被侵犯的感觉，好像自己的个性被剥夺了一样。因此，对于这种情况，学生 A 需要采取一些措施来维护自己的个人空间和独立性，例如，与舍友坦诚沟通、寻求辅导员的帮助或者寻找其他方式来处理这种不适感。同时，也需要保持开放的心态，理解舍友的动机和背景，促进和谐的关系。

辅导员深知学生 A 的困扰，于是对她进行了耐心的疏导，并给予了理解和建议。辅导员先是表达了对学生 A 的理解，这种舍友的模仿行为确实会让人感到不适。辅导员进一步分析，这种模仿行为可能是由于舍友内心存在一些自卑感导致的，由于自卑，舍友可能会无意识地窥探别人的生活，并试图模仿别人

的行为。然而，这恰恰暴露出他们无法独立规划自己的学习和生活、无法找到适合自己的生活节奏的问题。在大学里，同一个宿舍的学生通常都是同一个专业的，因此在学习计划上存在相似之处是很正常的。辅导员提醒学生 A，如果舍友模仿的是她好的方面，从另一个角度看，这也许是对她的一种无言的肯定和激励，同时也是对他人的一种无言的成长。

在深入分析了问题后，学生 A 表示会努力调整自己的心态，以更积极的态度来面对这一情况。同时，遇到问题怕母亲担心这件事，恰恰说明了学生 A 对母亲的爱，学生 A 的内心是善良的，辅导员赞美她内心的爱，鼓励学生 A 有问题可以跟母亲沟通，天下父母都希望孩子跟自己无话不谈，父母有相当的阅历，帮助子女疏解心中疑惑也是父母的责任。

为了更好地帮助学生 A，辅导员也承诺会持续关注她的变化，并随时提供必要的支持和帮助。此外，当谈到学生 A 的出国留学计划时，辅导员更是积极行动起来，帮助学生 A 联系外部资源。辅导员找到了往届已经出国的学生名单，并表示如果需要，辅导员可以帮忙联系他们，为学生 A 的留学计划提供更多的信息和建议。辅导员的目标是尽自己最大的努力，确保学生 A 能够顺利实现自己的留学梦想。

三、反思与启示

人际关系是大学生在成长过程中的重要一课，也是影响大学生身心健康的重要因素之一。他们在处理问题时由于心智的不成熟、阅历的不足容易偏激和被不良情绪困扰。这种情况如果持续积攒，会导致大学生的思考与判断脱离实际情形，出现臆测和疑虑，严重时可能诱发心理问题甚至是心理疾病。因此，在处理大学生人际关系问题时，要及时、妥善、有效，且处理过后还需要进行后期追踪。

如果学生因人际关系而引发问题时，辅导员需要及时适当介入。在对事实全面了解以后，引导学生以客观的心态看待问题，不因情绪而影响到判断力和行动力。对人际关系中的问题进行详细分析，帮助学生以平和、积极的心态正视、思考问题出现的原因所在，进而引导学生主动思考，主动寻找解决问题的途径和方式，促进学生实现健康成长。

供稿人：严乐

鼓励优秀学生入党及普及入党流程

一、案例概述

小 A 是大学二年级的一名学生，成绩较为优秀，热心参与各类社会实践和志愿活动。大一时他就表达了加入中国共产党的愿望，并向学校党组织递交了入党申请书，通过一年多的培养考察，在大二时他成了发展对象并通过党支部答辩成为一名预备党员。然而，他的"迅速发展"在同学中引起了一些争议。有些同学表示理解和支持，认可小 A 有过人之处并且在培养考察期间表现非常好，而在此次发展中没有被确立为预备党员的同学 B 则对此表示质疑，认为小 A 培养考察时间较短，在竞赛获奖上也不如自己，不明白为什么自己此次没有被发展，而小 A 却可以，于是对其入党提出了异议。党支部发展有明确的发展流程和标准，且文件在党支部公示后不存在异议，此次发展过程严格遵循文件要求，公平、公正、公开。

二、分析与应对

（一）和同学 B 开展谈话，了解同学 B 的感受和疑虑

作为辅导员和党支部书记，首先要深入了解同学 B 的感受和疑虑，了解他对自身积极分子和发展对象期间表现的评价和对小 A 同学的评价。其次，倾听同学 B 的观点，让他畅所欲言，充分表达自己的想法。最后，辅导员要以理解和支持的态度，引导他理性表达。

（二）说明党员选拔标准和程序

向同学 B 说明党组织发展党员的标准和程序，解释小 A 被发展为预备党员的具体原因。强调选拔是基于全面素质、对党的认识和理论学习的考量，不仅仅取决于竞赛成绩。

（三）普及入党动机和介绍发展流程

将入党流程进行公开透明化处理，让学生了解每个环节的步骤和要求。通过召开支部党员大会、组织党员分享会等形式，向支部内学生详细介绍入党的基本流程、考核标准等，帮助学生加深对党的理论和政策的理解，提高他们对入党的认识和认同感。

（四）提醒同学 B 关注个人发展

引导同学 B 关注个人的全面发展，除了学业成绩外，还包括团队协作、社会实践等方面，提醒他不要只看重单一方面的突出表现。

三、反思与启示

这一案例提醒辅导员需要在处理类似问题时更加敏感、周到，并注重通过沟通和教育化解矛盾，营造和谐的校园氛围。以下是对这一案例的反思与启示。

1. 入党教育引导不足

在鼓励学生积极入党的教育中，可能存在教育引导不足的问题。应加强对学生的思想教育和政治引领，帮助他们树立正确的世界观、人生观和价值观。辅导员可通过组织座谈、班会等方式，对党员选拔的原则和标准进行集体教育和宣传。同时在发展工作中继续提高透明度，公开公示相关政策和信息。例如，可以将入党积极分子和发展党员的名单等信息进行公开，避免不必要的误解和猜测。

2. 理性解释党组织的选拔标准

在遇到学生提出的问题时，辅导员需要理性而清晰地向学生解释党组织发展党员的标准和程序。这有助于学生更好地理解和接受党组织的决定。

3. 引导学生关注素质全面发展

在日常沟通中，辅导员可以引导学生关注个人的全面发展，不仅仅是学业成绩。强调党组织在选拔中更加注重综合素质而非某一方面的优势，鼓励学生在多个方面努力提升自己。

4. 建立监督申诉机制

建立监督机制，邀请支部积极分子或群众代表旁观入党过程中的各个环节，如推荐考察、培训考核等。通过他们的监督和反馈，促进流程的规范化和公正性。同时设立申诉机制，对于认为流程存在问题的同学，提供申诉渠道和程序，从而保障学生的合法权益，同时也进一步强化流程的规范性和公正性。

5. 进一步健全选拔机制

辅导员在反思中也可以思考党员的选拔机制是否还有进一步完善的空间。通过调查研究，了解党员的选拔标准是否贴近学生实际、是否能够更全面地评价学生的优劣势，为辅导员今后的工作提供改进建议。

供稿人：吴皓璐

不让"滑坡"成"痼疾"

一、案例概述

小W，"00后"，中共党员，入学成绩优异。在大三9月开学后，在学部党委开展的"不忘初心、牢记使命"主题教育活动中，支部同学反映小W不愿参加理论学习，并发表"主题教育就是洗脑"的不当言论，且有劝说其他党员抵制理论学习的做法。随后，在与该生沟通的过程中，该生表示不愿参加支部活动。

开展主题教育对于广大党员是一次难得的"党性体检"，目前大学生党员入党前后反差大已经成为普遍现象。如何对学生党员开展党性教育，严把学生党员"入口关""质量关"和"思想关"，做到"入党前后一个样"是高校探索"组织育人"的关键所在。

二、分析与应对

（一）坚持倾听与教育相结合——寻找问题本质

以党员信息核查为由约谈小W，指出其错误思想。通过深入谈话，小W袒露"入党在内的支部活动都是走形式，所以联合同班党员抵制活动"。另外，更主要的原因是，小W透露因为自己和家庭的规划，大二至大三暑假开始有出国读研的打算，觉得没有必要再继续政治学习。

（二）坚持重点关注和方法创新相结合——开展师生帮扶

结合实际需求，对该生开展全方位帮扶。一是学生支部书记进行重点沟通，介绍支部成员、党建特色活动等，帮助其消除误解，更好地融入支部生活；二是利用党员结对帮扶，让学院有访学经历的教工党员与其交流，打消他未来出国的疑虑；三是结合主题教育，学院领导对其进行党性教育，帮助他认识到党员的初心使命。

（三）坚持教育管理和主动赋责相结合——发挥主体作用

在重点帮扶基础上，考虑到小 W 责任感强且擅长新媒体工作，于是主动让其担任党建助理，协助主题教育公众号和"学习有声"栏目运营。通过实践，小 W 不仅消除了对支部活动的误解，更意识到党员的责任，主动参加了"百名党员谈初心、话使命"活动。

（四）坚持个体教育和群体教育相结合——产生连锁效应

在对小 W 进行教育的同时，学部党委针对党员和入党积极分子开展"明初心、践使命"等一系列主题教育座谈，邀请优秀党员代表现身传授参与志愿服务、社会实践等经验。通过以点带面，引导学生党员增强"四个意识"、坚定"四个自信"、做到"两个维护"。

通过帮扶引导，可喜的是，在 11 月支部的换届选举中，小 W 主动竞选并成功担任组织委员一职。之后，小 W 积极参与支部工作，思想态度更加端正。

三、反思与启示

（一）坚持政治方向，做好思想审查

在新生党员的组织关系接收过程中，不仅要做好发展党员的材料审查，同时更要坚持政治方向，做好思想审查，尽早了解每位党员的思想情况。

（二）坚持价值取向，建立动态档案

我们往往关注贫困生、少数民族学生、心理问题学生等群体而忽视了学生党员这部分优秀群体，因此，可以考虑建立针对学生党员的动态档案，及时了解关注，保证其正确的价值取向。

（三）坚持育人导向，发挥主体作用

党建与思想政治工作、专业发展深度融合，丰富思想政治教育载体，进行有思想、有温度、有力量的党员教育。

发挥基层党支部的育人功能，运用习近平新时代中国特色社会主义思想铸魂育人。将加强党性教育与创新实践活动相结合，主动赋权给学生，发挥主体作用，帮助其明确作为党员的责任。

在此基础上，应该着眼于支部活动的整体规划性、专一性、传承性和示范性，立足于本科生的客观实际需求，通过多形式、多主题的品牌活动，丰富支部活动形式，让"三会一课"成为一个接地气、聚人气、展现学科特色、凸显学子社会担当的窗口，切实提高"三会一课"质量。

供稿人：王爱渌

学生干部的培养与引导

一、案例概述

小洁，男，目前在班级中担任班长。在入学时，小洁非常积极、开朗，乐于助人，受到老师和同学们的一致好评。在班委竞选时经过演讲、投票等环节，小洁最终当选为班长。然而在进入毕业年级后，小洁出现了成绩下降、工作不认真等情况，导致很多同学对他有一定的意见，他也开始对自己感到失望，申请辞掉班长一职。

二、分析与应对

（一）案例分析

通过与小洁及班主任、其他同学的沟通，对小洁同学目前的情况分析如下：

1. 进入大学之后，小洁的学习态度就发生了转变，经常是在考试前才突击复习，勉强可以获得及格的成绩，但是在进入毕业年级后，小洁发现由于自己之前学习不扎实，很多专业知识学习起来都非常困难，自己的畏难情绪也越来越大，经常不去上课，没有发挥班干部的示范作用，导致班内同学对他担任班长一职产生意见。

2. 在人际关系方面，小洁最近和谈了很久的女朋友经常发生争吵，所以心情一直不好，便躲在宿舍里通过打游戏排解压力，也经常拒绝舍友、其他同学外出活动的邀请，所以班级内其他同学减少了和小洁的交流，小洁也更加沉迷于网络游戏，疏于为班级组织活动，与班级里同学的相处情况也越来越不好。

（二）辅导过程

1. 积极沟通，梳理问题

通过与小洁同学的深入交谈，小洁同学认为自己目前在学业和人际交往方面存在的问题比较大，从而引发了诸如情绪低落等心理问题。因此确定了首先需要解决的问题，并制订相关的计划。

2. 学业帮扶，提高成绩

通过分析小洁的成绩单，了解到他目前学习最为困难的几个科目，在班主任的指导下分别安排了专业老师按期完成课后辅导。同时，辅导员也联系学部的朋辈导师团，为小洁同学联系到一位朋辈导师，按照每周两次的频率开展习题答疑。在经过一段时间的辅导之后，小洁的成绩有了很大幅度的提升。

3. 加强交流，改善人际关系

小洁曾经非常乐观开朗，只是在和女友的交往中出现了问题，导致他开始沉迷于网络游戏，并拒绝和其他人交流。经过辅导，小洁提出希望开展一次班会，通过一些简单的游戏再次拉近和同学们之间的距离。除此之外，小洁也开始组织班级同学开展公园徒步走等集体活动，丰富了同学们的课余生活，也提高了同学们的班级归属感。在多次的班级活动中，小洁恢复了往日的开朗，也重新成为受到同学们信任的班长。

4. 排解心理压力，提高抗压能力

小洁和许多进入毕业年级的同学都有同样的状况，因为学业压力的增加、时间安排上的紧张，会产生焦虑的心态，在面对一些困难挫折时也会有沮丧等情绪。辅导员鼓励小洁通过他的兴趣爱好来排解压力，同时也会通过班级活动，带领同学们一起说出自己最近面临的困难和压力，改善焦虑情绪。

三、反思与启示

学生干部的作用是不可小觑的，如果能塑造一批素质较强、品格高尚、思维活跃、具有高度责任心和较强能力的学生干部，既对学生工作的开展有很大帮助，同时也对学生干部自身的发展具有积极意义。学生干部在学校和学生之间起着沟通桥梁的作用，一方面他们要做好上传下达的工作，将学校的工作安排等传达给每一位同学；同时，他们又是学生中的领导者，在学生中有着极高的威信，处处起着模范带头作用。

针对学生干部的培养和引导，首先要保证学习是第一要务。作为班级骨干，更要注重学业，在班级中发挥模范带头作用，引领同学们合理规划时间，完成专业知识学习，注重培养个人的创新意识。其次，要引导学生干部注重与班级同学的联络、交流，要团结协作，提高班级的凝聚力。

在新时代下，高校辅导员应该加强对学生干部的培养和引导，重视他们的学习成绩，帮助他们树立工作担当精神，让学生干部在学校中发挥模范作用。

供稿人：张晓茜

以班级群内"唇枪舌剑"为契机，做好班风建设

一、案例概述

某日晚八点后，某大二班级群内同学与班长发生了言语冲突。起因是班长收集同学的信息材料时，给同学预留的时间较少导致同学们没能及时完成，但班长后续在班级群内催促的语言比较直接，同学小A觉得班长发的消息充满"命令性"，对于班长说话方式表示不服以语音脏话回击，与班长同寝室的室友学习委员小B在群内发信息表示"班长催大家交材料本来就没问题，你有意见就去找老师说"，此后班级其他同学也开始起哄并引发了群内同学的"针锋相对"。

二、分析与应对

此案例中由小矛盾引发争执的原因主要有三点。

第一，班级关系尚不紧密，良好班风尚未形成。大一的时候学生由于线上学习等原因，没有深入的交流沟通，除了同一宿舍的同学相互熟悉外，更多的学生之间仍比较陌生，没有形成相互帮助、拧成一股绳的班级风气，所以在面对矛盾和摩擦时互不退让，容易因为小的事情产生大的争执。

第二，不当言论折射人际冲突，班级部分同学包容度较低。从班级针锋相对的文字中可以看到部分学生的语言充满敌意，反映班级内部存在的人际交往问题。不当言论可能导致班级凝聚力和合作精神的瓦解，当班级中出现不当言论时，会使学生之间的信任和相互包容受到影响，甚至导致班级成员的分裂和对立。在这次事件中，由于不当言论的存在，班级内部出现了对立情绪，部分同学对其他同学缺少理解和包容，导致了争吵和冲突的发生。

第三，班级骨干角色定位偏颇。学习委员小B在事件中表现出对班长的支持，而非以中立的态度进行调解，使得班级内部的分歧更加尖锐。此次矛盾是

班长不良说话方式而引发的，且小 B 虽然站出来维护班级建设，但有明显偏袒班长的倾向。因此可见班级骨干角色定位偏颇，需要对班委进行培训，帮忙理清定位和职责。

鉴于上述情况，辅导员首先在班级群内发布一条冷静、理性的公告，呼吁大家冷静思考，停止争吵。同时，强调班级是一个大家共同生活的小集体，需要互相尊重和合作。在群内明确强调要尊重他人，禁止恶意攻击和使用侮辱性言论。

其次，深入了解冲突的起因、各方的立场和表达方式，以明确问题的核心。私下与几位涉事同学进行沟通，了解他们的情绪和观点，帮助他们冷静下来，并引导他们使用更合适的方式表达。在单独对话时，辅导员运用了角色移情法，引导几位同学站在对方的角度进行感受和思考。两位同学在讲述事件及表达心理感受的同时，也都认识到了自己的错误。第二天让两位同学聚到一起，互相对对方述说自己的感受，并提出解决冲突的办法，两人从开始的委屈激愤逐渐转变为互相理解。

在与同学单独谈话中得知，班级内部存在一定问题，如班级整体氛围差，存在"小集体"现象，由此辅导员召开了班委会。通过会议，理清并确立了班级骨干自身的定位问题，探讨与梳理班级存在的问题，让班委更好地理解自己的职责，掌握有效的工作方法，以更好地服务同学。随后召开班会，每个人发表对于班级建设的期待。从同学们的答案当中明确对于班级群体核心价值观的建设意见，以期形成学生自我管理、互相监督、班级成员自觉主动维护班级的良好班风。组织班级活动，加强班委与同学之间的交流与互动。让同学们更好地了解班委的工作内容和付出，同时也让班委更好地了解同学的需求和意见。

三、反思与启示

第一，培养班级文化，完善沟通机制。在班级建设中，要通过组织各类活动，强化班级文化的养成，强调团结、协作和奉献的精神。通过集体活动、参加学校活动等，培养同学们的集体荣誉感和团结意识，提高同学们对班委工作的认同和支持。同时建立直接有效的沟通机制，确保班委能够及时准确地传达信息，同时也鼓励同学们积极向辅导员反馈意见和建议，以免产生不必要的矛盾和冲突。

第二，以点带面，逐层深入。当矛盾与冲突发生时，在了解学生个人冲突的基础之上，更要挖掘内在深层原因。在本次事件中，以学生个人冲突问题为契机，引出班级内部存在的问题，针对学生反映出的问题开展班委会以讨论问题存在的原因与解决方法，最后以集体班会的方式进行班级班风的建设。以点带面，逐层深入，剖析问题，解决问题，从根源上提升班级凝聚力，创造和谐班集体。

供稿人：吴皓璐

凝聚学生骨干，成就朋辈互助

一、案例概述

小 C 是一位德智体美劳全面发展的学生，入学以来成绩名列前茅，最难能可贵的是他有一颗团结同学的心。小 C 对未来有着清晰的认识和规划，与此同时，班里有些同学考上大学后学习主观能动性不强，规划性差，由此导致班级凝聚力不强。在辅导员的鼓励下，小 C 积极竞选并当选班长。

学生干部身兼多重角色，他们既是学生，也是同学中的服务者和老师的工作助手。从大一开始，辅导员引导小 C 多举办班级集体活动，比如，破冰团建、志愿服务、集体参观等，并带领班级其他主要学生干部，以一带多，在学习、生活方面给予同学帮助。最终，这些主要学生干部在班级里树立了威信，且学习能力强，获得了同学较高的评价。

整个专业在小 C 所在班级的影响下，形成了积极向上的氛围，学生整体成绩稳定，也有成绩拔尖的学生，大家之间的关系十分和谐。

二、分析与应对

小 C 的成功并非偶然，他的表现充分体现了他的责任感和领导力。作为班级的主要学生干部，他明白自己的责任和角色，以身作则，用行动影响他人，凝聚班级力量。

在学业上，小 C 一直保持着优秀的成绩，他明白作为学生，学习是首要的任务。同时，他也鼓励班级其他同学一起进步。他通过分享自己的学习方法和经验，帮助同学解决学习上的困难。

在活动组织上，小 C 充分展现了他的创新和组织能力。他不仅多次成功组织了班级活动，还积极推动班级成员参与学校的各种活动。他的热情和积极性感染了其他人，也使得班级的凝聚力得到了显著提高。

小C的成功在于他的责任感、领导力和对集体的热爱，他的行动证明了学生干部的重要性和影响力。作为辅导员应该更好地发现和培养像小C这样的学生骨干，帮助他们发现自己的优点，鼓励他们积极参与到集体中，发挥自己的影响力；在日常生活中为学生干部提供更多的培训和指导，帮助他们掌握有效的领导技巧和组织能力；在学生集体中，重视朋辈互助的作用，鼓励更多的学生向小C学习，通过朋辈互助，实现自我成长和集体进步。

三、反思与启示

小C具备领导力的特质使他在班级中能够第一时间脱颖而出，让辅导员看到他有推动班级进步的可能。为了帮助更多像小C这样的优秀学生干部，辅导员总结了以下三点措施。

1. 提供个性化的辅导。针对小C在领导过程中遇到的问题，提供个性化的辅导。这包括解决冲突、提高决策效率、优化团队协作等方面的指导。

2. 鼓励参加领导力培训。推荐小C参加学校或社区的领导力培训课程，以提升他的领导技能和知识。这些课程可以帮助他更好地理解和应用领导力，从而更有效地推动班级的进步。

3. 学业表现与朋辈互助。小C在学业上表现优秀，并且乐于与同学分享自己的学习方法和经验。为了进一步促进他的学业进步和朋辈互助，可以考虑以下措施：

（1）定期学术咨询。为小C提供定期的学术咨询服务，以帮助他解决在学习过程中遇到的问题和挑战。这可以帮助他保持良好的学业表现，并帮助他提高学习效率。

（2）活动组织与集体凝聚力。小C在活动组织方面表现出色，有效地增强了班级的凝聚力。为了帮助他更好地发挥这方面的能力，我们可以考虑以下措施：

①提供活动组织培训。推荐小C参加活动组织方面的培训课程或工作坊，以提高他的活动策划和组织能力。这将使他能够更有效地组织和实施班级活动，从而增强班级的凝聚力。

②促进班级互动与合作。鼓励小C和其他班干部设计更多有益的班级活动，如团队建设游戏、社会实践和学术竞赛等。这些活动将促进班级成员之间的互动与合作，从而增强整个班级的凝聚力。

供稿人：刘诗桐

班干部也是极为重要的学生干部

一、案例概述

小李，男，大一新生。在新生入学报到期间，他展现出了积极向上的态度，积极协助辅导员处理班级事务。他的开朗活泼深受同学们喜爱，而对个人发展的追求使他成为班级中备受尊敬的同学，于是在班级干部民主选举中，成功当选为班长。

然而，随着学期的开始，班级事务工作逐渐增多，班级宿舍的矛盾开始显露，学风问题也慢慢凸显出来。同学之间的交往似乎呈现出"帮派化"的趋势，给班级管理带来了一些困扰。在重重压力下，小李发现自己在与辅导员的沟通中遇到了一些严重问题。最终，为了解决班级内部问题，他向辅导员提出了辞职。

这一决定可能是小李为了班级整体利益所做的艰难选择，也有可能是他感受到了来自各方面的巨大压力。在解决班级问题的过程中，辅导员希望通过大家相互交流沟通，解决班级问题，能理解并支持小李，从而共同努力创造一个更加和谐的学习环境。最终，在多次面对面的交流后，大家相互坦诚各自的想法，全班一致支持小李继续任职班长。

二、分析与应对

在这一案例中，班干部队伍建设存在复杂的问题，并主要集中在以下几方面。

辅导员介入不足：在班干部队伍的选拔过程中，辅导员缺乏实质性的介入，仅仅依赖同学们自发的民主选举。这种方式不一定能确保选拔出具备卓越能力、端正态度、适合领导班集体的学生干部。

学生自我定位问题：担任班级学生干部角色的同学可能存在自我定位不准

确的情况，缺乏足够的责任心。单纯凭借热情办事容易导致畏难情绪的产生。

缺乏管理经验和培训指导：班级学生干部在管理方面缺乏经验，同时也缺乏必要的培训指导，特别是在学生干部职责、工作方法以及能力方面。这可能影响他们有效地履行职责。

资源调动不足：在案例中，小李虽然面临繁重的工作任务，但未能有效调动和利用其他资源，导致在全面管理班级时显得能力不足。这突显了他在团队合作和资源协调方面的问题。

问题复杂性和综合能力需求：学生问题具有复杂性和灵活性，需要具备较强的综合能力才能妥善应对。因此，强化干部队伍建设，特别是对主要学生干部如班长进行培训，有助于加强班级的班风、学风建设。

总体而言，解决班级学生干部队伍建设问题的关键在于加强对学生干部的选拔、培训和指导，同时提供更多的资源支持。这有助于建立更为健康、有序的班级管理体系，推动学生全面发展。

三、反思与启示

班级学生干部队伍建设对于辅导员的工作至关重要，这不仅是高效管理的基石，更是衡量辅导员工作质量的重要标准之一。一个优秀的班干部队伍有助于辅导员更好地发挥作用，充分利用学生与学生之间的交流优势，不会有代沟。这种优势弥补了老师与学生之间天然的沟通劣势，实现事半功倍的管理效果。此外，通过建设班级学生干部队伍，辅导员不必时刻紧盯，也能全面了解班里学生的具体情况，掌握日常细节等。

为了取得相对良好的学生干部队伍建设效果，可采取以下两方面的措施：一是时间投入和沟通。我们将致力于与各级学生干部进行深入的沟通，投入充足的时间培养他们的信任感、责任感和使命感。通过建立良好的师生关系，期望学生干部能更好地理解并践行其职责。二是培训学生干部对日常事务的管理能力。通过系统的培训，提升学生干部在管理方面的能力，培训内容将涵盖基本的学生事务管理技巧，帮助他们更好地应对问题，提高解决问题的效率。这不仅使学生干部在履行职责时更有信心，也为他们创造了获得感、荣誉感和成就感，激发了他们持续努力的积极性，从而形成良性循环。通过以上措施，能促进学生干部队伍的健康发展，提高辅导员的工作效率，使整个学生工作管理体系更加有序、高效，对于培养学生的综合素质和全面发展起到了积极的推动作用。

辅导员在班级学生干部队伍建设中应从以下几方面入手：

选拔学生干部过程的严肃性和庄重性。在干部选拔过程中，需要突显严肃性和庄重性。进行正式的面试是必要的，不应仅仅凭感觉和群众基础。必须全面了解和调查干部的语言表达能力、组织能力和工作态度，以确保选拔的科学性。这样既能保证干部选拔的公正性，也能激励学生干部更认真地对待工作，从而产生成就感与获得感。

加强学生干部培训。在学生干部履行职责期间，必须周期进行全面培训，包括学生事务管理、沟通交流、班级建设方式方法、学生骨干职责定位等方面的内容。这样可以使学生干部充分意识到担任职责的重要性，增强责任感。同时，明确思想立场，掌握有效方式和方法，防止出现对班级的不良影响，确保良好的班风学风。

引导学生干部正确处理学习和工作的关系。指导学生干部学会利用各种资源，学会分工协作和统筹安排。尤其在遇到难题或不好协调的情况时，鼓励寻求辅导员老师的介入和指导，以避免学生干部自行处理和低效工作产生的潜在隐患。

供稿人：刘子豪

班、团学生干部合作如何实现 1+1>2

一、案例概述

小古，男，担任团支部书记；小王，男，是相同年级的研究生，担任班长、团支部副书记。

在开学季，新的班级团支部刚成立，一批热爱学生工作、乐于服务的同学通过自荐和选拔组成了新的班级团支部学生干部团队，小古和小王也成了其中的一员。由于新生课程较多且不熟悉大学节奏，而开学季也是班、团活动及各项事务相对集中的时间段。在这两头繁忙且合作不畅的情况下，小古和小王在工作中出现了矛盾，双方情绪均受到影响，进而影响了班级团支部工作的推进。

值得一提的是，小古和小王本科均在北京重点学校就读，且担任过班干部。小古在担任班级团支书以来，习惯于自己直接做决定，分配工作并将任务交给指定负责人。由于他的工作安排并不在班委会范围内开会讨论，导致每个人承担的工作其他人并不了解。而小王在本科阶段曾担任团支书，他根据自己在本科时担任团支书的工作经验，认为小古没有充分承担起团支书应有的职责，工作不到位，把个人工作都交给其他人做，自己当"甩手掌柜"，因此对小古分配的工作颇有异议。

二、分析与应对

这是一个典型的由于沟通不充分、信息不对等而导致的学生干部矛盾案例。学生干部在高校学生自治层面扮演着不可或缺的角色，而学生的领导力则是高校人才培养的重要方面之一。学生干部之间的矛盾在各级各类学生团队中都可能发生。在这一案例中，主要与学生的工作方式、对学生干部的认知以及人际关系处理能力三方面有关。

1. 班、团干部工作方式需要完善

在此案例中，小古的工作方式存在一些不足之处，需要改进。在大学阶段，学生的自我意识逐渐增强，对"公平"极为重视。然而，班委会、团支部成立后，小古并未通过计划讨论形成完善的内部工作机制，也没有明确职责分工，而是直接开展工作，这表明他在这一方面考虑得不够周全。此外，在工作过程中，小古没有充分公开团支部的事务，导致每位成员对其他成员负责的工作和完成的工作量缺乏充分了解。这也反映出辅导员在对班级团支部工作的指导上存在一些不足，应在工作初期投入更多的时间和精力进行指导，对学生的不到位之处要及时进行纠正。

2. 对班、团干部工作和职责存在认知差异

小古和小王对学生干部工作表现出一定的认知差异。作为学生，学习应是本职，学生干部经历则是课外内容之一。因此，学生干部的分工和职责应当因人而异，不存在严格的上下级关系。但是在实际情况中，小古在接到工作时未与其他成员商议，而是采取直接分配工作的方式，存在一种"认为自己是团支书，自己将工作分配好即可"的工作思维误区。从小王的角度分析，当他感觉到自己被安排了比他人更多的工作时，也出于"他是团支书"的角度没有第一时间主动提出。初期，小王虽然能带着情绪完成工作，但慢慢也积压了更多的不满情绪。

3. 人际关系处理能力不足

案例问题的关键点是"信息不对等"。一方面，小古默默完成了很多工作，没有与别人分享，因此小王并不知情，反而误解他为"甩手掌柜"，认为他没有承担起工作责任。因此，有效而充分的沟通变得尤为重要。在矛盾发生时，小古和小王都需要进行沟通并换位思考。另一方面，这也反映出小古和小王对他人的包容度还不够高。如果能够更加包容对方的不足，就能更好地理解和容忍对方。

三、反思与启示

党支部、团支部、班级是辅导员接触到的基础学生单元，学生干部团队是老师的得力助手。一个优秀的班团支部一般具有以下四方面的特征：一是班团核心干部（班长、团支书、副支书）个人综合能力强，具有信服力和号召力；二是班团干部凝聚力强，能积极主动谋划班团集体建设；三是班团集体分工明确，各司其职；四是辅导员与班级同学熟悉度高，关系紧密。作为辅导员，可以从以下六方面努力改善工作：

1. 提前做好班、团干部培训

强化学生干部责任意识，树立为班团集体服务的意识；邀请有经验的学生干部分享工作经验和方法，提供一些优秀班级建设的意见建议，以便学生干部提前谋划。

2. 制定党、团、班委会联席会制度

定期召开党支部、团支部、班委会联席会，促进工作经验交流和问题解决；集中各渠道的工作、活动要求，统筹策划，减轻工作压力。

3. 策划对本科新生行之有效的工作内容

根据新生特点，选择适合其需求的活动，关注新生适应性教育和协同配合；引导班团干部从学生需求出发，更好地开展适合的工作。

4. 积极参与各类集体活动

主动了解各级各类活动情况，动员班团支部学生积极参与，提升集体凝聚力，积极肯定学生干部的工作成果，建立班级团支部奖惩激励机制，提高个人集体荣誉感。

5. 做好学生干部的工作后盾

以学习为本职，担任学生干部是服务意识的体现，辅导员更应做好学生干部的坚实后盾，给予其足够支持。

6. 注重培养所有学生的人际交流和沟通能力

在与学生的谈心谈话中，帮助其形成积极观念，培养其人际交流、沟通、合作和包容能力。

供稿人：刘子豪

学生干部也存心事？"朋友"交心解除困惑

一、案例概述

L同学，男，班长，作为学生干部，一直尽职尽责，认真管理班级大事小情，向同学们传达学校、学部、老师等的各种通知与安排，做好本职工作。但在大三学期末却突然向班主任和辅导员提出了辞去班长职务的请求。辅导员向该生的室友、老师以及其他班委了解情况后得知该同学与一门专业课的老师相处不快，存在较强烈的情绪波动。辅导员尝试约L同学进行单独交流，但是L同学以各种理由推辞了，辅导员商量先给L同学两周冷静时间，两周后，L同学应约吐露心声。

谈话起初，L同学满是无奈，强调自己没有什么事，不理解辅导员举措。辅导员先是询问了L同学现在的学习动向，得知L同学在准备考研之后，跟他分享了一些学习方法和各科目考试技巧；随后聊到了大学生活的感受，辅导员向L同学分享了自己的经历与感受。

随着聊天的深入，L同学渐渐卸下心防，两人终于聊到了学生工作方面。L同学坦言，一直以来，自己尽职尽责，努力调动班级积极性，积极组织班级活动，尽管与同学间的关系融洽，但是大家对班级活动的积极性并不高，还伴随着一些不快，同时班级的整体学风与成绩跟同专业的兄弟班相距甚远，担任班长从最开始的充满热情，到后来的渐渐平淡、默然，L同学一直很困惑、苦恼且自责，是不是他做得不够好，导致班级出现这样的情况。这次与专业课老师的相处不快更是成为L同学卸任的导火索，专业课老师并不了解L同学的班级情况，因为同时教授该专业的两个兄弟班，在对比后，将L同学所在班级的落后归咎于L同学，认为他带了坏头，起了不好的作用。这件事后，L同学郁结、失落到了极点，于是提出了卸任请求。

二、分析与应对

了解到 L 同学内心的真实想法后，辅导员判断这是该生在性格上的特点以及班级环境等导致的问题，于是采取以下做法。

1. 情绪波动和决定卸任班长职务

辅导员采取了与 L 同学单独交流的方式，给予其足够的冷静时间，让 L 同学感受到辅导员的关心和支持，让其打开心扉，表达内心的疑虑和困惑，同时尊重并理解该生的决定。

2. 过度的责任感和自我否定

辅导员对 L 同学的工作和能力表示肯定，并解释班级整体状况并非完全由他所决定。帮助 L 同学认识到每个人都有局限性，班级成绩和学风的问题不应该全部归责于他一个人。同时不要过于在意他人在不清楚具体情况下的言语和评价，即便这来自具有权威和经验的老师。

3. 对于班级活动积极性的减退和自我评价

辅导员用开放的态度引导 L 同学谈论自己对班级的看法和感受，明确问题所在。鼓励 L 同学与班级成员进行沟通和合作，寻求共同的解决办法，让他重新找回责任感和参与感。

4. 组织班级活动遇到的困境

辅导员理解 L 同学的困扰，认识到在班级中存在沟通和合作问题。鼓励 L 同学和其他班委共同梳理班级工作流程和任务分配，促进班级内部的互相支持与协作。

三、反思与启示

通过这个案例，我们可以得出以下反思和启示。

1. 学生干部也有内心的困扰和压力，他们需要得到关心和支持。辅导员应该积极与他们沟通，倾听他们的需求和问题，鼓励他们表达内心的疑虑和困惑。

2. 辅导员需要具备倾听的能力，给予学生足够的时间和空间，尊重他们的决定和感受。通过与学生建立信任关系和进行渐进式的沟通，帮助他们重拾失落的信心。

3. 对于学生干部来说，工作负责要有度。他们应该认识到自己的能力和责任的界限，不要过度给自己施加压力并进行自我否定。与其他班级成员的合作和沟通也是成功承担工作的关键。

　　这个案例提醒我们，在学生工作中，辅导员的角色是重要的，需要综合运用关怀、倾听、引导等技巧，帮助学生解决困惑和问题，并促进他们的成长与发展。

供稿人：王爱渌

新生入学适应与宿舍关系处理

一、案例概述

随着社会的进步和经济的发展，当今的大学生活尤其是新生的生活已经变得丰富多彩。物质生活的丰富使得学生们拥有更多的选择和机会，但同时也带来了一系列新的挑战。入学的"05 后"新生们，由于疫情的影响，对于校园生活感到陌生，尤其是那些没有住校经验的学生。他们突然进入集体生活，面临着如何适应新环境，处理宿舍关系、人际关系等问题。

小胡是一名大一新生，因为对宿舍生活习惯的不适应，向辅导员提出了换宿舍的要求。通过与小胡的交流，辅导员了解到他在宿舍中遇到了诸多困扰。

首先，小胡表示他的宿舍同学每天打游戏，还邀请其他宿舍的同学来玩，使得宿舍环境变得吵闹杂乱。这种行为不仅影响了宿舍的整洁和秩序，也给小胡带来了干扰。他表示，自己想要一个安静、整洁的生活环境，而不是一个嘈杂的娱乐场所。

其次，舍友晚上熄灯后经常开展"卧谈会"，部分室友还会打呼噜，让小胡感到困扰。他认为这种情况严重影响了他的正常休息和学习。他希望有一个安静的睡眠环境，以便能够保持良好的精力和学习状态。

因此小胡希望换到他想去的宿舍，因为在他看来，那个宿舍的同学与他的生活习惯相近，可以融洽相处，拥有一个和谐的宿舍关系更有利于他个人的成长。

二、分析与应对

这个案例提醒我们要在入学后加强宿舍管理，向学生明确宿舍管理规定，引导学生养成规律作息。同时，要加强对学生自我管理和自我约束能力的培养，让学生意识到自己的行为对他人的影响，从而自觉遵守宿舍管理规定。也提醒我们要帮助学生树立人际关系观念。让学生了解大学生活的特点和要求，掌握正确的人际交往技巧和方法，从而更好地适应大学生活。

1. 与小胡深入交流，了解他的困扰和需求，帮助他分析问题出现的原因和解决方法。同时，也要听取其他同学的意见和建议，寻找共同的解决办法。

2. 与宿舍管理员合作，加强对宿舍的管理和监督，确保宿舍环境的整洁和有序。对于违反宿舍管理规定的行为，要及时予以制止和纠正。

3. 组织宿舍座谈会或团建活动，增进学生之间的了解和信任，加强宿舍内部的沟通和交流。同时，也可以通过开展文化活动或学术竞赛等活动，丰富学生的课余生活，减少学生的娱乐行为。

4. 对于小胡的要求，我们可以给予一定的关注和支持。在条件允许的情况下，可以安排他与其他生活习惯相近的同学一起居住，或者为他提供一些个性化的住宿指导，以满足他的需求。

三、反思与启示

辅导员工作时需要时刻关注学生的需求和问题，为他们提供必要的帮助和支持。同时，也需要注重自身的专业素养、提高工作能力水平，以便更好地为学生服务。

在这个案例中，小胡因为宿舍生活习惯的不适应而提出了换宿舍的要求，但往往宿舍矛盾的深处是每个学生的内心世界和成长环境的不同，应当从学生的负面情绪入手，了解每一位同学，开展深度辅导。

在新生入学时，应该通过开展心理健康教育课程、讲座或团体辅导等活动，充分发挥学生的主观能动性。同时，也应该加强对学生的日常管理和监督，及时发现和解决学生的问题。还可以利用好新媒体平台开展新生入学教育，应当多为学生推送相关文章，帮助新生树立正确的人际交往观念和人生观、价值观，从而预防其产生人际矛盾。

供稿人：郭旗

如何解决学生和新室友的宿舍矛盾

一、案例概述

小 A 的宿舍是六人间，但是只有 5 位同学居住，后来学校安排了另一个专业的小 B 住到了这个宿舍，宿舍原来的同学本来就不希望住进一个陌生人，小 B 的生活习惯还和原本宿舍的 5 人不同，小 A 课程较少喜欢在宿舍打游戏，不可避免会干扰到宿舍其他同学，且小 A 性格比较强势，在和小 B 沟通中直接和小 B 产生了争吵和推搡，弄坏了小 B 的个人物品，小 B 希望小 A 赔偿一半费用，小 A 拒绝，并鼓动其他室友共同让小 B 搬走。

二、分析与应对

此案例具有一定的普遍性和代表性，在大学校园中宿舍矛盾问题是普遍存在的，也是学生人际交往的重要一环，尤其让一个陌生成员短时间内融入一个已经形成稳定关系的团体，更需要良好的沟通和一些共同的兴趣点。同时也反映出目前小部分学生更为注重自身利益的特点和排他性，暴露出部分学生的性格、思想和荣誉观（利益观）等存在偏差，这是当前教育不容忽视的一个问题。想要处理好此案例，关键点在于如何帮助小 A 同学和小 B 同学平等、友善、有效地沟通，相互退让，做到考虑他人和理解他人。

我单独约谈了小 A 和小 B，深入了解情况，倾听他们的诉求和感受，了解各自的立场和诉求，以及他们各自的生活习惯、诉求和困惑。也会倾听宿舍其他人的意见，理解他们的立场，为后续的调解工作打下基础。小 A 强调宿舍原本的和谐氛围以及自己的学业需求，并表示小 B 的搬入没有经过自己同意，而小 B 提到自己想要积极融入新宿舍但一直不被接纳，小 A 和自己的沟通语气等毫不友善，而且进入这个宿舍并不是出于个人意愿是学校直接安排的。

在倾听双方的基础上，我首先和小 A 表示学校集体宿舍资源紧张，宿舍有空床位就有可能会安排新同学入住，5个人一直占用6个人的住宿资源并不合理，要接受新室友存在的必然性。其次和小A进行沟通，提醒小A注意自己的生活习惯，尽量降低对室友的干扰。最后，我促使小A和小B以及其他舍友在我面前进行开放、诚恳的沟通，共同探讨解决问题的办法，鼓励他们冷静、友善地表达自己的需求和感受，引导他们尊重彼此，理解不同的生活习惯，并寻找一个折中的解决方案。同时对之前的不合理行为进行相互道歉，并确定好赔偿问题。在沟通过程中我发现小A和小B虽然在表面上接受了对方的道歉，但是从内心里对对方仍然存有芥蒂，而且确实存在在课程数量、学习态度、兴趣点等多方面有巨大差异的问题，所以一旦出现可以更换宿舍的条件会立刻考虑更换宿舍。后续正巧其他宿舍出现另一位想要更换宿舍的同学C，安排两个宿舍的同学进行沟通后，在双方都同意换宿舍的情况下安排小B和C同学更换了宿舍。

为避免后续产生新的问题，在新的宿舍安排分配好后，我引导每个宿舍内部一起制定新的宿舍规定，明确每个人在宿舍中的权利和义务。例如，打游戏时需注意控制音量等。在新的宿舍规定实施后，我会定期跟进，了解宿舍的情况，确保规定得到遵守。如果仍有矛盾或问题，我会及时介入调解。

三、反思与启示

（一）引导学生尊重差异

在大学宿舍生活中，同学们来自不同的学习和生活背景，拥有各种不同的生活习惯。辅导员需要教育学生尊重彼此的差异，学会与不同习惯的室友共同生活。后续计划开展一些关于生活习惯的讲座或工作坊，引导学生认识到尊重和理解他人生活习惯的重要性。

（二）教导学生通过沟通解决问题

学会有效沟通是大学生活中非常重要的一部分。辅导员在帮助学生解决矛盾时，要引导他们学会开放、坦诚地与他人沟通，以寻找共同的解决方案。

（三）完善宿舍管理规定

针对宿舍管理规定，辅导员需要收集学生的意见和建议，对规定进行完善，使其更加人性化和合理化。要根据实际情况和学校规定来制订解决方案，确保每个学生都被公正对待。同时在解决问题时，辅导员要保持公平和公正，不偏袒任何一方。

供稿人：吴皓璐

一次宿舍矛盾的深度处理案例分析

一、案例概述

本学期初遇到两个同学，一个是研三的 F 同学，另一个是研一的 Q 同学。Q 同学由于 F 同学打呼噜太响影响入睡，就外放助眠音乐。F 同学经常抱怨 Q 同学深夜播放音乐，影响他休息。两个人深夜互相拍视频，发给我，抱怨对方无理。F 同学有一次非常生气，不仅踹 Q 同学的床，还把对方的枕头扔到宿舍外。两个人争吵了很长时间，谁都不愿意让步，关系紧张。这种矛盾不仅影响了他们之间的友谊，还影响到了他们的学业。

当我面对 F 和 Q 的宿舍矛盾时，我意识到这不仅仅是个人之间的问题，还涉及共同生活的技能和互相尊重的基础。因此，在深度辅导中，我采取了一系列的方法以便更全面地解决问题。

二、分析与应对

在处理宿舍内的矛盾冲突时，首要任务是深入了解双方的诉求。通过与两位同学分别进行私下的深入交谈，我得以了解他们的真实想法和感受。这不仅帮助我把握了事态的全貌，而且让我触及了问题的核心，而非停留在纷争的表面现象上。

在确认问题的性质后，我采取了中立立场进行调解，并组织了一次包括三方在内的会议。在调解过程中，我引导他们共同制定了宿舍规则。这些规则旨在平衡双方的需求，包括设定安静时段、共同维护环境卫生等，为他们构建了一个更加和谐宜居的共同生活环境。为了更有效地解决冲突并预防未来可能出现的同类问题，我向他们推荐了一系列冲突解决策略。通过对这些策略的学习和实践，他们能够更加独立和成熟地处理潜在的矛盾。

考虑到宿舍矛盾往往伴随着情感上的压力，我特别重视为他们提供心理支持。

在交流过程中，我鼓励他们自由地表达个人情感，并提供了一些减压和情绪管理的建议。这样的心理支持使他们能够更好地理解和调整对方及自己的情绪状态。

最后，为了从根本上解决问题，我积极联络学校其他资源，与他们保持紧密联系，确保学生能在多方面获得必要的帮助与支持。这种跨部门合作极大地扩展了学生可以利用的资源范围，为他们提供了一个更加全面的问题解决平台。

三、反思与启示

（一）早期干预的重要性

我认识到了早期干预在处理宿舍矛盾中的关键性。从问题初露端倪时就开始介入，可以有效预防矛盾的激化。早期干预有助于掌握矛盾的全貌，及时地提供心理支持和冲突解决策略，从而保护学生的心理健康和学业发展。

（二）中立与公正是调解的基石

在此次宿舍矛盾中，我深刻体会到了中立和公正在调解过程中的重要性。始终保持公正的态度，确保每一方都能有平等的机会来表达自己的立场和感受。这样的做法不仅赢得了双方的信任，也为寻找公平合理的解决方案奠定了基础。

（三）培养学生解决问题的能力

我意识到，作为辅导员，我的职责不仅仅是要解决眼前的冲突，更重要的是要培养学生自主解决问题的能力。通过教育和实践，学生可以学习如何通过有效沟通和合理协商来解决问题。这种能力的培养对于他们未来的学习、工作乃至生活都具有深远的影响。

（四）引导学生发展社交技能

这次事件也让我更加确信，宿舍生活是培养学生社交技能的绝佳机会。学生在相互交流中学习到的倾听、表达、同情和理解的技能，是他们在未来社会中取得成功的关键。良好的社交技能不仅能帮助他们在学校建立更和谐的人际关系，也能为他们日后的职业生涯打下坚实基础。

通过对本次宿舍矛盾的处理，我们可以看到大学生价值观培养和心理健康教育的重要性。作为教育者，我们应该教会学生如何在共同生活中尊重他人、有效沟通和自我调节，这些技能将伴随他们的一生。此外，我们还应重视早期干预和多部门合作，为学生提供一个健康和谐的学习和生活环境。通过这些途径，我们不仅解决了眼前的矛盾，更为学生未来的社会生活打下了坚实的基础。

供稿人：付邵阳

和谐宿舍，共筑美好家园

一、案例概括

小英为外地学生，家庭收入相对较低，申请了学校的助学金。小英自述与舍友（三个北京舍友分别为小A、小B和小C）关系不和，一开始是因为洗衣服滴水，滴到了小A，小A感到很生气，与小英发生了争执，并且因小英会早起，宿舍床铺老旧老是会发出很大的响声，影响到舍友休息。另小英与其他三位同学的矛盾持续激化，最突出的冲突为小英的蚊帐无意中牵拉到小A的床头，小A很生气，拿起剪子剪碎了小英的蚊帐。据小英自述，其余三人在之后处处针对，并且老在背后议论。小英因此一直处于烦躁、焦虑的状态，一分钟都不想待在宿舍，在外面找了一份兼职的工作，也因此耽误了很多学习的时间，导致成绩下滑。通过几次的沟通辅导员确定了小英主要的心理问题来源于紧张的宿舍关系，使其无法正常地学习和生活。通过对小英家庭情况的了解，该生还有个姐姐在北京外国语大学读书，家里负担两个孩子的大学学费有些吃力。通过对其他舍友的侧面访谈得知，小英与小A三人的矛盾从开学时就已经存在，之前宿舍集体喝奶茶，小英少付了一部分配送费，使小A三人察觉她的家庭状况可能有问题，在经过几次邀请订外卖小英都未参与后，小A她们确定其经济条件有限，为避免尴尬，逐渐疏远。通过访谈可发现，小英比较内向，不爱说话，相对比较弱势。

二、分析与应对

综合全面分析小英的现有资源，从学校角度看，学校勤工助学的活动相对较多，能够为她寻找更多勤工助学的岗位和机会。该生有找兼职的打算，应对该生找兼职的事情多加关注，保证其兼职的安全性。小A为班干部，更易听辅导员的话，从高中升入大学，集体生活学生难免有不适应、产生争执的情况发生，从辅导员的角度可以分别找三位同学谈话，以小 A 为突破口，尽量调节，避免问题恶化。小英的班主任很认真负责，可以联系其班主任，帮助她做相应的学业辅导。同龄人更容易沟通，开学时为每个班配备了班级助理，可以联系其班级助理帮助她树立信心，解答学业有关问题。她有亲姐姐在北京，且现在上大二，代沟小、易沟通，可以帮助其建立坚强的性格，使其在北京能有一种安全感。

确定方法和解决措施：

1. 与勤工助学有关老师联系，帮助其找到一份勤工助学岗位，解决其一定的经济来源问题。

2. 从辅导员的角度出发，多给予该生一定的关爱，使其感受到温暖，在心里增加一份安全感。

3. 及时与小 A 三位同学沟通，从地域无差别、班干部的责任、朋友相处模式等角度做心理辅导，帮助她们理解、接纳外地的同学，一定要逐渐渗透，使三位同学能够欣然接受，而不是强硬灌输。

4. 联系班主任，及时对其学业做出相应的指导，并推荐给小英一些网课，让她能够自我学习，并与班主任给她提一些如何学习、提高学习效率等方面的建议。

5. 与其姐姐联系，希望姐姐配合做一些心理疏导工作。

以上解决方案 1~4 项需要同时进行，2 项应是持续的过程，鉴于班主任还有繁重的科研工作，可以起次要作用。重点应以 1、2 为主，第 4 项辅助，第 3 项次之，考虑到小英的姐姐还在上学，年龄也相对较小，为防止给她的姐姐造成负担和影响，必要时再采取第 5 项处理方法。

通过为期一个月的访谈工作，小 A 等三人的态度明显好转，没有再出现针锋相对的情况，能够进行必要的交流，小英的状态也逐渐恢复，每天会有兼职工作，增加一定经济收入，平时外出兼职辅导员也会严格把控，保证其人身安全，并且在其班主任和班级助理的帮助下，该生学习成绩明显提高，整个人的精神状态也逐渐好转，同时在多次访谈后，变得比较健谈，能够聊一些快乐的事情。后期也会继续跟进。

三、反思与启示

回顾本案例，我们也意识到在工作中还存在一些不足和需要改进的地方。我们需要进一步完善宿舍管理制度和矛盾调解机制；加强对学生的心理健康教育；提高学生的沟通能力和情绪管理能力等。在未来的工作中，我们将继续努力完善这些方面的工作机制和服务内容。同时，我们也希望学生能够更加积极地参与到宿舍管理中来，共同营造温馨、和谐的宿舍环境。

供稿人：杨煦

针对家庭变故学生的辅导与帮助

一、案例概述

学生小文，女，在准备研究生考试时找到辅导员老师希望能够申请贫困生补助，情绪较为激动。据小文所述，自己的父母早已离异，自己和姐姐、弟弟跟随母亲生活，在母亲再婚之后生活也一直幸福平稳。但是在今年，继父的公司存在运营困难且即将破产的情况，母亲已经退休，亲生父亲于 18 岁以后也不再给她提供生活费。她目前非常焦虑，希望能够外出打工赚钱为父母分担，但是被母亲拒绝，母亲希望她能够将全部时间用于准备研究生考试。小文并不想把自己目前的家庭状况告诉同学和舍友，所以她经常待在图书馆以减少与舍友的交流，但是自己在学业和家庭的双重压力下经常出现失眠的问题。她感觉自己的能力过于渺小，无法解决现在的问题，因此来向辅导员寻求帮助。

二、分析与应对

（一）案例分析

该案例中的小文曾经的经济情况非常好，在学习上也比较努力。但是在第一次考研失败后，她对自己的要求变得更高，经常在宿舍学习到很晚，舍友曾经因此产生过一些不满。在家庭发生变故时，小文产生了较大的心理波动，并有意通过打工改善现在的情况，但遭到了母亲的反对。在小文的描述中，母亲一直强调让她专心学习不要因为家庭的事情分心，但是她没有办法忽视这一变故给自己的生活带来的巨大变化，所以产生了很强的挫败感。

（二）辅导过程

针对小文的这一案例，辅导员的关心和引导是非常重要的，而疏导的关键就是帮助小文尽快完成心态的转变，将重心放在复习研究生考试之中。小文一直是很要强的性格，第一次考研失败已经对她的心态有了一定的影响。辅导员曾经到宿舍中帮助她解决与舍友的矛盾，因为她复习的时间较晚影响了其他舍友的休息。在家庭经济状况发生变化后，小文试图和母亲讲述自己心中的焦虑和压力，但是母亲认为她可以做到忽视这一变化，继续努力学习。小文也并不想将自己的情况和舍友倾诉，所以独自承受了比较大的压力，失眠的情况也经常发生。

1. 通过深入谈话释放压力

小文和我讲述这件事情是基于对我的信任。因此，我在第一时间将她叫到办公室进行面谈，以便更好地了解全部情况。在讲述过程中，小文多次发生大哭的情况，我等待她情绪逐渐稳定后，鼓励她继续将心中的全部想法说出来。在谈到母亲时，她多次提到母亲照顾家中几个孩子非常辛苦，自己一直想要帮母亲去分担，但是母亲只是一味地强调要好好学习。我肯定了她的懂事和贴心，同时也引导她去理解母亲的想法和苦心，鼓励她再多和母亲进行沟通，更加理解彼此。

2. 运用合理情绪疗法，改变其不合理的情绪认知

在了解小文的心理状况后，我通过情绪疗法等方式帮助其认识到家庭目前面对的问题不是特殊存在的，而是一个普遍存在的社会现象。因此她面对家庭变化而产生的情绪是合理存在的，需要科学理性地去面对，并找到合适的方法去缓解自己的不良情绪和压力。在复习研究生考试时，也要放平自己的心态，不要给自己过大的心理压力，合理安排时间，做到劳逸结合。

3. 运用多方资源改善困境

首先，我建议小文到学校心理中心进行咨询，运用更加专业的方法来调节自己的心理压力，改善焦虑状态。其次，我也向她推荐了学校的一些研究生考试复习专题讲座，帮助她学会运用更加科学的方法进行复习，合理规划自己的复习任务。

三、反思与启示

在辅导员与学生的谈话中，可以充分"共情"，对该生的遭遇表示认同和理解，设身处地感受该生内心的痛苦，表示若自己遇到相同的问题可能也会陷入痛苦和矛盾之中，增强其对自己的认同感，拉近双方的距离。

针对此类学生，需要进行长期的辅导与帮助，及时建立学生台账，了解其最新动态。必要时也需要和学生的家庭成员进行沟通，以获得更加全面的信息。同时也要充分发挥班干部、宿舍舍友等学生的作用，通过聊天等方式了解学生的思想与需求，以达到信息及时反馈的成效。

供稿人：张晓茜

从理解到行动：对延毕学生心理健康的关心与调整

一、案例概述

小 B 同学是一名高校延毕学生，由于身体原因无法按期毕业，这给他带来了心理和身体上的双重压力。首先，小 B 同学在身体上遭受了较大的痛苦，导致他无法像其他同学一样正常地学习和生活。其次，小 B 同学在心理上也遭受了很大的打击，他需要面对更多的困难和挑战。

二、分析与应对

（一）采取的措施

1. 提供专业资源与支持

包括学校的公费医疗政策、心理健康资源和渠道。一方面，小 B 的身体情况，可能会需要一定的医疗报销，主动向其介绍能够拉近我和他以及他家人的距离，让他们更加信任我。另一方面，提供心理支持和资源，小 B 的心理压力让其不安，专业的心理咨询和治疗手段能够更好地帮助小 B 恢复。

2. 进行定期沟通和心理疏导

虽然因为身体的原因，小 B 同学选择了走读的方式，但我还是和他保持了每周沟通的频率，定期进行交流，了解他的想法和感受，为他提供了心理上的支持和安慰。

3. 协调相关部门完成学业

针对小 B 的延毕情况，我和教务部门沟通了解到他所差的课程和相关安排，尽最大可能为小 B 同学提供必要的帮助和支持，例如，提醒他报名相关重修课程和考试等。

4. 加大家校合作和支持力度

小 B 同学的特殊情况导致有一段时间我只能和其家长沟通和联系，一方面我能通过家长了解到学生的第一需求，另一方面我也能通过家长这个抓手，向还存在沟通困难的学生传递一些关心和支持。因此，加强与家长的联系和沟通，了解学生的家庭情况、需求和困难，才能共同制订解决方案和支持计划。

（二）提供毕业后的规划和建议

1. 进一步深造

小 B 同学在生病之前成绩很好，所以在身体恢复后，可以考虑继续在学业上深造，以提高自己的学术能力和社会竞争力，也可以考虑攻读一些与自己专业相关的证书或者执照，以增强自己的专业性和竞争力。

2. 进行实习，积累工作经验

小 B 同学可以通过寻找与自己专业相关的实习机会或者参加一些职业培训课程，以获取实际工作经验并提升自己的职业技能。这些经验和技能将有助于他找到一份满意的工作，并实现职业上的长期发展。同时，也能帮助他走出自己的圈子，接触社会实际，融入社会要求。

3. 逐步恢复社交和人际关系

身体逐渐恢复后，在学习之余，小 B 同学可以主动参加一些社交活动，与他人建立良好的人际关系，以帮助他缓解压力和提升自信心。他还可以加入一些专业协会或者组织，以扩大自己的人脉和职业机会。

4. 进行自我提升和发展

小 B 同学可以通过阅读、写作、艺术等方式来提升自己的素养和自我价值。

5. 根据需要进行心理辅导和咨询

虽然小 B 同学的情况在逐步好转，但仍可以继续寻求专业的心理辅导和咨询，以帮助他更好地处理自己的情绪和应对生活中的挑战。

三、反思与启示

小 B 同学的情况给辅导员工作带来了很多反思和启示：

1. 要关注学生身心健康

作为高校辅导员，学生的身心健康非常重要。尤其是对于那些身体有特殊情况的学生，更应该给予其更多的关注和支持，让他们感受到学校的温暖和保护。

2. 要提供多元化支持

对于像小 B 同学这样的学生，我们需要提供多元化的支持和帮助，包括医疗、心理、学习和社会支持等方面。

3. 增强学生心理素质

我们应该注重增强学生的心理素质，帮助他们树立正确的人生观和价值观，让他们能够正确面对生活中的困难和挑战，能够更好地适应学习和生活。

4. 加强家校合作

通过家校合作，家长可以提供学生在家庭中的表现和情绪变化，而辅导员则可以提供学生在学校的表现和与同学的互动情况。这种全面的信息可以更好地了解学生的问题，从而提供更有效的支持。

供稿人：刘诗桐

师生矛盾的化解与处理

一、案例陈述

小张是大学二年级的学生，最近在一门课程中与任课老师产生了矛盾。矛盾的原因涉及评分不公和沟通不畅，使得小张感到挫败和无助。这一状况不仅影响了他对这门课的学习积极性，还影响到了他的整体学习状态。

二、分析与应对

（一）紧急个别面谈

我与小张进行了个别面谈，倾听了他对矛盾的感受和看法。在这个过程中，我采取了开放式的沟通方式，鼓励他表达内心的想法和对矛盾的认知。

（二）情感认知与表达

通过深度面谈，我帮助小张认识到自己的情感，包括挫败感、愤怒和失望。我鼓励他表达这些情感，促使他更全面地理解自己在矛盾中的处境。

（三）沟通技巧培训

在深度辅导中，我为小张提供了沟通技巧培训，包括有效表达观点、倾听他人意见以及如何在矛盾中寻找解决方案。这有助于提高他与老师和同学之间的沟通效果。

（四）协调矛盾

我联系相关的老师，充当中立的角色，引导双方表达观点，寻找共同的解决方案。

（五）学业规划和目标设定

我与小张一同制订了更为明确的学业规划，包括对这门课程的学习策略和目标。这有助于他集中精力投入学习，减轻矛盾对学业的负面影响。

三、反思与启示

这个深度辅导案例让我认识到，在学生与老师之间发生矛盾时，及时的情感认知和沟通是解决问题的有效途径。通过协调与解决的过程，可以帮助学生和老师建立更好的沟通机制，促进学习环境的和谐与稳定。这也提醒我，作为高校辅导员，需要在学生与教师之间建立信任的桥梁，为解决矛盾提供专业支持。具体如下：

1. 情感认知的重要性

在处理学生与老师产生的矛盾时，情感认知是解决问题的关键。通过帮助学生认识自己的情感，可以更好地理解矛盾的本质，从而更有效地应对。

2. 沟通技巧的培训

提升学生的沟通技巧是解决矛盾的有效手段。在深度辅导中，可以通过培训学生有效的表达和倾听技巧，提高他们与他人沟通的效果。

3. 协调与解决

在矛盾解决过程中，协调会谈的举办是关键一步。辅导员可以充当中立的调解者，促使双方表达真实需求，并寻找双赢的解决方案。

供稿人：王源

促进有效沟通，化解师生矛盾

一、案例概述

小 F，女，研究生三年级，小 F 导师找到辅导员，反映在小 F 给他发的微信消息中有极端的想法，同时又不回复导师的信息。因小 F 是心理危机台账表中的重点关注学生，所以希望辅导员与小 F 取得联系，并当天到导师的办公室进行沟通。导师和辅导员请同宿舍的同学对小 F 进行关注，辅导员也与小 F 进行了电话沟通，感觉该生心情不好，不愿多说，也不想和导师进行沟通。当天中午，辅导员等到学生睡醒后，到宿舍找该生了解情况，该生对导师有很大的抵触情绪，不想面对导师。经过反复工作，学生终于答应去学校与导师进行面对面的沟通。于是，辅导员陪同该学生与导师进行了面谈。

二、分析与应对

经了解，小 F 近期发表一篇论文需要版面费 1000 美元左右，以为导师会出这个费用。但导师认为该论文是导师帮忙性质，写上导师名字的价值在论文录用后已经结束，不需要出现导师的名字，后续的版面费需要该生自己支付。小 F 则认为版面费应由导师出，打听到师哥师姐的版面费都是导师出资支付，唯独不管自己，认为导师对自己有偏见。而如果自己现在发不了论文，就没有成果不能毕业。今天是交版面费的最后一天，因家庭贫困自己和家人都出不了这么多钱，感觉毕业无望，是导师把她推向了绝路。

经过交流了解，辅导员认为学生和导师之间因长期沟通不畅，包括在实习、学业指导、论文发表等方面的原因，存在一些误会。导师认为小 F 在团队的贡献力度不够，他不能出此版面费，否则对别的同学不公平。如果让导师出，得让学生给出适当可以说服他的理由。经过协商，先由团队的一名博士垫付版面费，等小 F 有钱之后再还给博士。但论文注册时论文导师名字撤掉，只留有该生一人的名字。费用问题解决之后学生现在有些担心如果是这样，论文是否能通过。为了帮助学生缓解心理压力，辅导员把学校心理中心电话推荐给了小F，让她及时预约进行心理咨询。辅导员老师会继续跟进学生情况，特别是心理问题及学业压力方面。

三、反思与启示

重视学生的意见和反馈。学生和导师之间的矛盾往往源于一些具体的问题，如导师的指导方式、学生的表现等。作为辅导员，需要重视学生的意见和反馈，认真听取他们的声音，了解他们的需求和期望。

促进双方的有效沟通。沟通是解决矛盾的关键。作为辅导员，需要促进双方的有效沟通，帮助双方更好地理解彼此的立场和观点；作为辅导员，需要发挥中介和协调作用，在双方之间进行沟通和协调；作为辅导员，需要保持中立和公正，不偏袒任何一方，以促进双方的相互理解和合作；在处理学生和导师的矛盾过程中，辅导员需要提供心理支持和关怀，这有助于缓解双方的情绪和压力，帮助他们更好地面对问题；作为辅导员可以为学生提供心理咨询、心理辅导等服务，帮助他们解决心理问题。

督促双方遵守规定和制度。在处理学生和导师的矛盾时，辅导员需要督促双方遵守学校的相关规定和制度。这有助于维护公正和公平的原则，保障双方的权益不受侵犯。

总之，作为高校辅导员，化解学生和导师的矛盾需要作出重视学生的意见和反馈、促进双方的有效沟通、发挥中介和协调作用、提供心理支持和关怀、督促双方遵守规定和制度以及总结经验教训等多方面的努力。通过这些措施，可以有效地缓解矛盾，解决问题，促进双方的和谐与发展。同时，辅导员也需要不断提高自己的工作能力和水平，在学生和导师之间架起沟通的桥梁。

供稿人：严庆云

辅导员在缓和研究生与导师关系中的实践

一、案例概述

小李，研究生刚报到，就联系辅导员，需要换导师。我询问了学生原因，原来小李在确定考上以后，导师就要求学生来北京做项目，学生觉得还没有入学，希望能享受最后一个大学的暑假，且导师也没有提前告知学生，就拒绝了导师的安排。导师对此十分生气，觉得小李是一名不服从安排的学生，以后入学，也不好带，并斥责学生，等入学以后，让学生主动换导师。学生也觉得自己委屈，觉得导师过于强权。双方开始发生摩擦。小李逐渐变得焦虑，甚至影响到了他未来的学业进展。

二、分析与应对

（一）深入了解矛盾的根本原因

在与小李的面谈中，我发现矛盾的根本原因并非仅仅是工作分歧，更涉及沟通方式、期望管理等方面的问题。小李对于导师的要求感到沮丧，而导师则觉得小李缺乏积极主动的态度。这需要进一步深入了解，以找到解决问题的切入点。

（二）提供情感支持和倾听空间

在初期的辅导中，我注重提供情感支持和倾听空间。小李在表达自己的困扰时，得到了理解和尊重。这种沟通有助于消解紧张情绪，使双方更愿意开放地探讨问题。

（三）促进有效沟通和协商

在明确了问题的核心后，我让小李与导师进行了一次开诚布公的谈话。通过有效沟通，双方逐渐理解了对方的期望和需求。我在这个过程中充当了中立的调解者，帮助他们找到了共同的语言。

（四）制订明确的目标和计划

在双方达成共识后，我协助他们制订明确的工作目标和计划。通过明确的目标，可以减少误解和不满，使工作变得更加有序和可控。

（五）引导建立健康的学术关系

在辅导的过程中，我引导小李和导师共同探讨建立健康的学术关系的方式。这包括明确角色分工、改进沟通方式、定期的反馈和评估机制等，以维护彼此的利益和对双方的尊重。

三、反思与启示

通过提倡开放而尊重的沟通，辅导员在学术矛盾解决中扮演中立调解者角色的重要性得以凸显。更明确的工作目标设定，帮助双方在工作中更有效地合作，减少矛盾。此外，辅导员在帮助搭建健康学术关系方面的作用尤为关键。

本案例对大学生的价值引领和学风建设的启示在于，高校辅导员需要运用综合沟通技巧和冲突解决方法，促进学术关系的健康发展。通过案例分析，我们得以深入理解研究生与导师之间的交流动态，强化了价值引领和学风建设在辅导员工作中的重要性。

辅导员的工作不仅仅是解决问题，更是引导学生塑造正确价值观和建立良好学风的过程。在新时代背景下，高等教育机构更应重视辅导员在学术道德教育、价值观塑造和学风建设中的作用，以此提升学生的综合素质，培养符合社会发展需求的高素质人才。

在此过程中，辅导员应当坚持以学生为中心，以问题为导向，积极构建教育教学的沟通桥梁，激发学生的内在动力，引导他们树立正确的世界观、人生观和价值观。通过这种方式，学生在学术探索的道路上，能够更加自信地面对困难和挑战，形成良好的学术态度和行为习惯，最终促成一个有利于个人成长和学术繁荣的学风氛围。

总体而言，大学生价值引领与学风建设是一个系统工程，需要辅导员、学生、导师等各方面的共同努力。辅导员在其中扮演的角色是多方面的，包括沟通协调者、情感支持者、目标引导者和价值观教育者。通过这些角色的有效转换与实践，辅导员可以为学生的全面发展和学术氛围的优化做出积极贡献。

供稿人：付邵阳

少数民族学生的教育与引导

一、案例概述

今年招收到的少数民族同学，有来自四川大凉山的，有来自新疆阿勒泰的，也有来自其他少数民族聚集区的，京外少数民族同学，由于之前缺乏基础导致专业课学起来相对吃力。同时，由于前期也没有了解过相关内容，有的同学感受到了很大的差距，觉得很迷茫，对自己的能力跟水平产生了怀疑，即使每天把学习生活安排得非常充实，也总是有种无处发力的感觉。

二、分析与应对

作为一名高校辅导员，我深知少数民族同学在适应大学生活和学习方面的困难。通过与他们交流，对他们进行调研，我发现他们普遍存在基础薄弱、学习吃力的问题，而且由于之前没有接触过专业课相关内容，他们在学习时普遍感到迷茫和焦虑。为了帮助他们更好地适应专业课程，我采取了一系列措施。

首先，我发挥自身优势，向他们简要讲解了如何学习编程类相关课程。我告诉他们，编程是一门需要不断实践和探索的技能，只有不断地练习和实践才能掌握。同时，我也向他们介绍了编程语言的特点和基本语法，帮助他们更好地理解课程内容。

其次，我联系任课老师，在课上条件允许的情况下，关注并帮助他们更好地学习。我向任课老师介绍了少数民族同学的情况，希望能够在课堂上给予他们更多的关注和支持。同时，我也鼓励少数民族同学积极向任课老师和同学们请教问题，及时解决学习中的困惑，也叮嘱舍友要多加帮助，共同进步。

最后，我还安排了每周晚上的课余时间给他们上晚自习、对他们进行答疑。在这个时间段内，我会组织同学们一起学习、讨论，并找成绩优秀的同学为大家解答问题。通过这种方式，我不仅能够帮助少数民族同学更好地适应专业课程，还能够营造学习氛围，使他们对所学专业产生浓厚兴趣。

经过一段时间的努力，我发现少数民族同学的学习状态有了明显的改善。他们逐渐适应了专业课程的学习节奏，掌握了更多的知识和技能。同时，我也发现他们的自信心得到了增强，开始更加积极地参与课堂讨论和活动。

三、反思与启示

在担任高校辅导员的过程中，我逐渐认识到，关注学生个体的成长和发展是至关重要的，尤其是对于少数民族学生。这一群体因其独特的文化背景和成长经历，对教育和辅导有着特殊的需求。过去的工作经历让我意识到，尽管我努力服务于所有学生，但对于少数民族学生的关注可能还不够深入和细致。例如，他们在适应专业课程上的困难，不仅仅是理论学习的挑战，更多的是需要通过实践来深化理解和培养技能。

我深刻感受到，教育方式的改进对于提高少数民族学生的学习效果至关重要。传统的课堂教学可能并不完全适合他们的学习风格，而通过案例分析、实地考察和项目实践等更多互动和实践的教学方法，能够更好地激发他们的学习兴趣和参与度。同时，我也意识到，个性化的指导对于满足他们的特殊需求至关重要。每位学生的背景、兴趣和学习方式都不尽相同，在未来的工作中，我将更加注重个性化交流和指导，确保能够根据每位学生的具体情况来调整我的辅导策略。

作为辅导员，我需要不断地调整和优化我的工作方法，确保能够为不同背景的学生提供最合适的指导和支持。通过增加对少数民族学生的了解，采用更加多元和有实践性的教学方式，以及提供更加个性化的指导，我希望能够更有效地支持他们的学业，促进他们的全面发展。这将是我今后工作的重点，也是我服务于每一位学生的承诺。

供稿人：郭旗

正确处理恋情分手后的情感创伤

一、案例概述

我接到学部党委副书记电话，称小 L 同学在网络上有威胁前女友的言行，女方家长联系了该生的导师，要求给出处理意见。

我第一时间联系本人，但小 L 同学以"情绪不好"为由拒接电话，仅用微信回复，反复强调自己的行为只是一时冲动，没有做出更过分的事情，并表示自己有抑郁症，在吃药（后了解到该生曾经有过抑郁症，但当时已经恢复，不在服药期，为了不被打扰而找此理由），希望老师们不要"逼"他。同时我还通过其室友侧面了解到小 L 同学平时喜欢独来独往，和大家相处较为平淡，但未发生过冲突和其他异常行为。

二、分析与应对

随后两天，我反复劝说，希望能和他见面聊一聊，但是该生并不做出回应，只说自己已经"向对方道歉，调整好了自己的情绪，希望事情处理完之后就让它过去，老师们不要再担心"。后我再次劝说，试图取得进一步信任，并告诉他有问题可以随时联系，希望能在他情绪恢复期间给予一些帮助。当时他并没有回复。

3 天后，小 L 同学发微信主动约我见面，谈话中了解到其与前女友分手后感觉到自己被"背叛"，因此在网络上对前女友实施谩骂和侮辱行为，对女方造成名誉损失。现在已经认识到自己的错误，说自己在网络上的行为是出于一种"报复"心理，当发现自己的行为会酿成大错后及时删帖并向对方道歉。回想自己和前女友相处的时光，他后悔莫及，觉得自己出于"报复心"的冲动行为不仅彻底破坏了感情，更是让两人成为仇人。

我帮小 L 同学分析了事情的原委后给出了建议，并希望其以后做事一定多冷静思考，多反思自己的不足，冲动之前多想一句"为什么"，小 L 同学表示认可，并决定努力走出阴影，以积极的心态面对今后的生活。

三、反思与启示

大学生是恋爱中出现问题较多的群体，尤其是遇到失恋等事件后，有情感创伤是难免的。辅导员可以参考以下建议，帮助同学们正确处理分手后的情感创伤：

允许自己感到痛苦。分手后，感到痛苦是正常的。这是对自己感情的回应，也是对失去一段重要关系的反应。不要抑制自己的情绪，而是允许自己感到痛苦，并尝试与朋友、家人或专业心理咨询师分享感受。

不要自责。无论分手的原因是什么，不要责怪自己。一段关系的结束并不意味着做错了什么。有时候，感情的结束是由于双方之间无法调和的差异。这不是单方面的错，所以不要对自己太苛刻。

关注自我疗愈。分手后，关注自己的内心感受和情感需要。寻找一些自我疗愈的方式，例如，锻炼身体、与朋友聚会、读书、旅行或进行冥想等。这些活动可以帮助分散注意力，减轻痛苦，并促进内心的平静。

学会放手。有时候，放手是治愈分手创伤的关键。不要试图挽回或改变过去，而是尝试接受现实，并释放内心的执念。可以通过写日记、画画、听音乐或参加一些放松的活动来帮助自己释放情感。

寻找新的爱好。尝试寻找新的爱好和兴趣，这可以帮助自己转移注意力，并提升自己的心情。例如，可以尝试学习一门语言、参加健身课等。

供稿人：刘敏

如何进行家庭矛盾中学生的学业辅导

一、案例陈述

小明是一名大学四年级的学生，最近在学业上表现出明显的厌学情绪。通过深入了解，我发现他的学业问题背后与家庭矛盾有关。家庭中父母间及亲属间的频繁争吵与矛盾，对小明造成了很大的心理压力，导致他对学业失去了兴趣和动力。

二、分析与应对

（一）个别心理咨询

我进行了个别心理咨询，让小明有机会表达自己的感受。通过深入的对话，我了解到家庭矛盾对他造成的负面影响，以及他对学业的担忧和困扰。

（二）家庭背景了解

在与小明的交流中，我逐渐了解到他家庭的一些具体情况，包括父母及亲属的关系矛盾、家庭氛围的紧张等。这让我更好地理解他在学校中表现出的问题的根源。

（三）情感管理和调适

通过心理咨询，我引导小明学会更有效地管理和调适自己的情感。我教授他一些放松技巧和情感表达的方法，帮助他更好地应对家庭矛盾带来的负面情绪。

（四）家庭沟通引导

我鼓励小明与家人进行沟通，帮助他们理解他的感受和需求。我提供了一些建议，包括建议家庭成员寻求专业心理咨询，以更好地应对家庭关系问题。

（五）学业规划和目标设定

在情感调适的基础上，我与小明一同制订了学业规划和目标。通过设定小而可行的目标，帮助他逐步重拾对学业的兴趣和信心。

三、反思与启示

这个深度辅导案例让我认识到，学生的学业问题可能不仅仅是学科知识的问题，还可能与家庭矛盾等心理健康因素有关。在深度辅导中，需要综合考虑学生的家庭背景，引导他们更好地应对生活中的各种挑战。在解决学业问题的同时，关注学生的心理健康，提供情感支持，有助于更全面地促进学生的发展。具体如下：

1. 焦点从学业转移到情感调适

在这个案例中，首先要解决的是小明的情感问题。通过情感调适，帮助他更好地应对家庭矛盾对他造成的影响，为后续的学业规划提供一个更好的心理状态。

2. 家庭沟通的重要性

在处理家庭问题时，引导学生与家人进行沟通是关键。通过沟通，有助于改善家庭氛围，减轻学生的心理压力。

3. 设定小目标的重要性

学生可能因为目标过大而感到无望，因此设定小目标对于逐步重建学业动力至关重要。小而可行的目标有助于增强学生的自信心。

供稿人：王源

家校共育，助力成长

一、案例概述

学生 S，男，毕业班班长，心理重点关注对象。学生 S 在寒假期间经常在家中与父亲、奶奶发生比较激烈的争吵，家庭矛盾激烈。学生 S 表示因为父亲和奶奶的批评和贬低，让他对家庭生活充满了焦虑和烦躁，非常希望尽快结束假期，远离家人。学生 S 为心理重点关注对象，他妈妈经常与我保持电话联络，希望了解学生在校期间的表现情况，对学生的心理问题非常重视。据 S 妈妈的描述，奶奶和父亲对他的期望较高，在他初高中时期就给他留下了比较大的阴影，很长一段时间 S 都无法和父亲心平气和地谈话。在本次矛盾爆发后，S 的母亲再次与我进行通话，希望我能够和他进行交流，改善目前的相处模式。

二、分析与应对

（一）案例分析

学生 S 作为班长，性格友善，与老师、同学相处良好。通过与学生 S 的沟通，他表示自己更希望在学校里生活，因为在家中总会受到奶奶和父亲的打击，在学校中能够更有自信。该学生目前存在的问题主要是家庭矛盾。

目前学生 S 与母亲的关系较好，其母亲已经学习了相应的心理知识，能够简单地帮助学生在家庭中营造良好氛围，但是也会存在一些不可控的情况，导致学生 S 和父亲、奶奶的矛盾得到激化。据观察，学生母亲的心理压力也非常大，经常会陷入内疚的情绪中，这其实也并不利于家庭矛盾问题的解决。

（二）辅导过程

我与学生 S 进行了电话联络，在第一时间了解了事情的经过。据学生 S 所述，因为他现在正处于毕业年级，父亲希望他能够尽快找到工作，参加实习，但是对于未来从事的工作他们无法达到一致，所以 S 拒绝了父亲的要求，而父亲认为他对自己的未来缺乏规划，每天都是虚度光阴。S的奶奶也参与了谈话，认为S从初中开始便缺乏努力，如果再固执己见会找不到工作。双方的争执越来越激烈，最后S离开了客厅结束了这次对话。

我先安抚了学生的情绪，肯定了他最近在做毕业设计方面的努力和进步。随后我针对他的未来求职规划问题，与他进行谈话。学生S认为，目前自己应当将全部重心放在毕业设计上，求职可以等毕业之后再考虑。我结合职业规划的一些基础内容，以及目前社会的求职形势，帮助S梳理清楚毕业前应当完成的内容，并且引导S理解父亲给他的"参与实习、尽快找工作"的建议。学生S的想法得以改变，经过我的分析他才认识到自己的毕业设计已经完成一大半，可以抓紧这个时机做求职相关的准备。

随后，我与学生S的母亲进行了联络。通过我们双方的沟通，更好地掌握了学生的情况与动态。针对S母亲的心理压力问题，我鼓励她也可以找专业的心理咨询师咨询一下，及时缓解自己的焦虑状态，才能更好地营造良好的家庭氛围。

三、反思与启示

（一）家校协同育人，是在育人过程中充分发挥学校主导、家长主体和社会支持的协同育人职能，形成优势互补、协同育人的新机制和新格局。打造家校社协同育人共同体，不仅使学校教育主阵地作用进一步强化、家庭教育主体责任更加到位、社会育人资源利用更加有效，而且有利于促进家校社各展优势、密切配合、相互支持，切实增强育人合力，共同担负起培养学生成长成才的重任。

（二）对于正处在情绪旋涡中的学生，不能采用单一的封堵方式进行强制命令，要首先帮助其平稳情绪，尽快使其进入一个平稳安静的空间，其次用缓和的语言循序渐进地疏导学生情绪。针对学生的家庭矛盾，辅导员需要帮助学生疏解负面情绪，并引导其逐步建立与家人的良性沟通模式，有效化解和舒缓学生原生家庭的矛盾。

（三）持续关注，助力学生成长。在假期期间，仍然要保持对学生情况的掌握，通过微信、电话等多种形式，与学生保持联络，确保学生的情绪稳定。对学生的关注并非只局限于学校层面，更要辐射至其家庭层面。学生作为一个完整的社会个体，其压力可能来自多方面、多维度，除了在校的学习成绩、同学关系外，其家庭氛围也是压力的重要来源。

供稿人：张晓茜

02

学业规划篇

习近平总书记指出："青年人正处于学习的黄金时期，应该把学习作为首要任务，作为一种责任、一种精神追求、一种生活方式，树立梦想从学习开始、事业靠本领成就的观念，让勤奋学习成为青春远航的动力，让增长本领成为青春搏击的能量。"这一论述强调了学习在青年成长道路上的核心地位，特别是在学生时代，学习不仅是获取知识的过程，更是为未来奠定坚实基础、成就事业的关键阶段。

作为身处学生工作第一线的辅导员，深知学业辅导在促进学生个人成长方面的重要性。辅导员在进行学业辅导时，不应局限于帮助学生联系某一学科的专业老师进行答疑解惑或单项练习，而应将学业规划与职业生涯紧密结合起来，更多地关注学生学业问题背后的整体发展需求，做到"专业化"。辅导员可以通过对学生个人兴趣、专业背景、未来职业方向的综合考虑，为学生量身定制学习方法，并与班主任、专业老师、家长等多方形成合力，帮助学生在学业上实现稳步提高。同时，将学业进步与未来职业发展紧密相连，有助于激发学生的学习动力，帮助学生更加明确自己的目标和方向。

在对学生的学业辅导过程中，辅导员需要切实了解学生所面临的实际问题并加以解决。通过对学生的困惑、挑战及需求进行深入了解，帮助学生找到学习的内在动力，一起探寻未来职业发展的光明前景。通过有思考的、有针对性的学业辅导，可以将学习的主动权重新交到学生手中，为其学业进步与职业生涯发展奠定坚实基础。

本案例集汇集了众多辅导员在学业辅导实践中的典型案例，旨在与广大辅导员进行更为深入的探讨。通过案例分析，辅导员可以及时发现学业辅导中存在的问题和不足之处，从而调整和完善辅导策略和方法，确保其对学生发展的实际效益。

学困生帮扶的实施与成效

一、案例概述

小李，男，目前正处于大三年级。小李自述在高中时期一直认真学习，并通过努力考上了大学。但是在他大一上学期时，他发现大学的学习与高中大相径庭，取得的成绩不佳，产生了较大的心理压力。随着年级的升高，他发现所学的专业知识越来越难，很多内容都是自己完全没有接触过的，所以挂科情况频频发生。作为一名来自其他省份的农村学生，他对城市的生活感到陌生和困扰，也不善于和同学、舍友们进行交流，担心会被笑话，自己对学业、生活的困惑一直无人倾诉。同时，作为高年级的学生，他对专业选择和未来的发展更是感到迷茫，不知道自己应该选择怎样的未来。

二、分析与应对

小李对学习抱有积极态度，但在大学的专业学习中遭遇了挑战。高中时期的学习方法在大学里并不奏效，导致他的成绩并不理想。尽管他尝试过自我调整，但效果并不明显，这给他带来了不小的心理压力，并且作为家中唯一一个大学生，小李认为自己现在的成绩会辜负家人的期望，而自己心中的郁闷情绪也不愿意和父母去交流，怕他们会过于担心。小李目前面临的问题一个是学业困难，另一个是经常处于焦虑状态无法自我调节。

1. 学业规划与指导

在了解了小李的困扰后，辅导员首先帮他制订了一个合理的学习计划。这个计划不仅包括日常的学习任务和目标，还特别强调了时间管理和学习方法的有效性。其次辅导员建议他尝试一些新的学习方法，如"刻意练习""学习小组"等，以适应大学学习的特点。最后，辅导员深入了解小李目前学习困难的科目，建立学困生台账，帮助他找到自己目前使用的学习方法所存在的问题。

同时，辅导员联系了小李的班主任，针对小李的学习困难科目，定期开展困难科目帮扶。此外，辅导员还找到朋辈导师团，为小李匹配了一个相同专业的朋辈导师，定期开展朋辈导师帮扶和学习答疑。通过简单的联络，小李和自己的朋辈导师建立了良好的关系。

2. 心理压力的缓解

辅导员与他进行了一次深入的谈话，了解他的压力来源和焦虑状况。辅导员告诉他，每个人都会面临压力和挑战，关键是如何正确地应对和调整自己的心态。辅导员鼓励他学会放松自己，如通过冥想、瑜伽等方式来减缓焦虑感。

此外，辅导员还鼓励小李积极参加一些课外活动和社交聚会，以拓展自己的社交圈子和放松心情。同时，辅导员建议他与家人、朋友多交流，分享自己的感受和困惑，这样有助于减轻心理负担。

3. 人际关系的建设

考虑到小李在人际交往方面的困境，辅导员鼓励他主动与同学交流并参加集体活动。辅导员建议他在课堂上主动发言和参与讨论，这样可以提高他的自信心和表达能力。同时，辅导员还鼓励他加入学校的社团和志愿者组织，通过参与活动结识更多志同道合的朋友。

三、反思与启示

在高校中，辅导员是学生成长和发展过程中至关重要的支持者。他们不仅是课程选择的顾问，更是学生在校园生活中的导师和心理支持者。通过对这一案例的处理过程，总结出的经验和反思如下：

1. 全面关注学生

辅导员要加强对学生的全面关注，不仅仅是学业上的困扰，还包括心理健康、人际关系等方面的问题。这有助于更全面地了解学生目前存在的多重困境，并提供更有针对性的帮助。

2. 建立合作信任关系

通过与小李建立信任和合作关系，辅导员和小李逐步形成了一个开放的沟通环境。这有助于学生更容易表达自己的问题和需求，从而更好地解决困扰和问题。

3. 注重长期影响

学生的辅导工作具有长期性。不仅需要相应的解决策略，还需要对学生进行定期回访，了解他的最新动态并随时改进帮扶计划，从而更好地支持学生的长期发展。这是一种可持续的工作方式，可以让学生在整个大学生涯中受益。

　　通过这个案例可以看到辅导员这一角色在处理学生学业发展问题中的重要作用。他们不仅仅是解决学术问题的顾问，更是学生成长道路上的引导者。通过关注学生的全面发展、建立信任关系，以及提供有效的学习和心理支持，辅导员能够对学生的未来产生深远的影响。因此，高校应该更加重视和支持辅导员的工作，为学生提供更全面的成长支持。

供稿人：张晓茜

正视负面情绪，悦纳真实自我

一、案例概述

H 同学，一位平日里表现积极的女学生，近期因疲惫和负面情绪的困扰，陷入了自我认知的困惑与焦虑中。辅导员在了解情况后，主动与她进行了单独交流。在谈话初期，H 同学对谈及自身问题十分抵触。但辅导员通过耐心的倾听和温暖的关怀，与她逐渐建立起信任关系。辅导员逐步引导 H 同学分享了她的困惑，了解到她因学业和社交活动的压力而感到疲惫，且缺乏有效的情绪调节方法。严重时，这些负面情绪甚至影响了她的正常生活和人际交往，使她丧失了对生活的热情。辅导员继续以平和的态度倾听，并引导 H 同学深入探讨负面情绪产生的原因。H 同学表达了对自身环境的不安全感和强烈的自卑感，这让她难以积极面对未来。辅导员对 H 同学的坦诚表示了理解和鼓励，并与她一起分析了压力和负面情绪的可能来源。

在谈话过程中，辅导员通过倾听、理解和引导，帮助 H 同学缓解了焦虑情绪。他们共同制订了更合适的情绪处理方案，包括通过补充睡眠、运动等简单方式来调动积极性，消除负面情绪的影响。

二、分析与应对

在深入了解 H 同学的情况后，辅导员判断这是关于压力应对、负面情绪处理、自我评价和自我认知的问题。因此，采取了以下措施：

1. 深入了解原因

通过面对面的谈话，辅导员耐心倾听了 H 同学的内心感受，引导她敞开心扉。了解到她的压力主要来源于不合理的时间安排和对自己过高的期待，对自身能力的不准确认知导致了现状与期待之间的落差，进而产生了自卑，而身体疲劳则放大了这些负面情绪，影响了她生活和工作的动力。

2. 给予理解与支持

在倾听的过程中，辅导员不断给予 H 同学肯定和理解。这有助于消除她的抗拒心理，使她逐渐敞开心扉。辅导员强调这种情况的普遍性和正常性，鼓励她积极面对并正确处理。

3. 消除自卑心理并鼓励正视自我

辅导员通过表达对 H 同学的理解与认同，帮助她消除自卑心理。同时鼓励她积极尝试新事物以探索自身能力并形成正确的自我认知。此外，还引导她接受自己的真实状态，积极面对不足。

4. 提供可行的解决办法

根据 H 同学的实际情况和困难，辅导员与她共同制订了一系列可行的解决方案。包括制订更符合自身能力的时间安排、通过简单方式排解疲惫和心理压力，以及通过接触新鲜事物减少比较并建立积极的自我形象等。

通过持续的沟通与帮助，H 同学逐渐找到了适合自己的生活方式和节奏。她开始正视自身的缺点和不足，形成了正向积极的自我认知。同时找回了对学习和生活的热情与动力，取得了优异的成绩并积极参与学生活动。这些积极变化使 H 同学逐渐找到了归属感和成就感，能够以更积极的态度面对未来的压力与挑战。

三、反思与启示

在处理学生焦虑等类似案例时，辅导员需要特别注意以下几点，以确保能够给予学生适当的支持和指导。

首先，理解与倾听是至关重要的。辅导员需要真正理解学生的感受，倾听他们的困惑和焦虑，并建立起与学生之间的信任关系。这需要耐心、细心地倾听，不评判、不轻视学生的感受，而是试图站在他们的角度去理解问题。只有真正了解了学生的内心需求，才能提供更有效、更具针对性的建议和帮助。

其次，辅导员需要引导学生正确理解自己的问题。学生有时会因为羞耻感或自我否定而回避自己的问题，这就需要辅导员帮助他们正视自身面临的问题，摆脱羞耻情绪，客观分析问题所在。这不仅可以帮助学生更全面、更客观地认识自己，也有助于他们接受真实的自我，从而更好地应对焦虑等问题。

再次，心理健康关怀也是处理此类案例的重要一环。辅导员不仅需要关注学生的问题解决，还要及时关注他们的心理状态和情感需求。鼓励学生积极与他人建立良好的沟通关系，表达自己的情感，寻求外界的帮助和支持。同时，提供心理健康资源，如心理咨询中心或外部心理健康机构，帮助学生获得更专业的帮助。

　　最后，鼓励尝试也是关键的一步。辅导员需要引导学生自主思考并寻找适合自己的解决方法。在支持和鼓励下，学生可以积极尝试不同的解决方法，这不仅有助于培养他们自主解决问题的能力，还能使他们更加清醒、客观地认识自己和现实。

　　通过这些方式，辅导员可以更好地帮助学生应对焦虑等心理问题，促进他们的身心健康成长。

供稿人：王爱渌

突围成长路：学业与生活挑战

一、案例概述

K同学，大三学生，主修计算机科学与技术专业，出于对计算机技术和人工智能领域的浓厚兴趣而选择该专业。入学以来，K同学一直是个性格开朗、学术表现优异的学生，与同学和老师都能保持良好的关系。然而，近期辅导员注意到该同学在学业和个人生活方面出现了一些问题，对其未来的发展产生了一定的困扰。在学业方面，该生曾经是班上的佼佼者，但随着课程内容的深度、难度、学术压力逐渐增加，最近几个学期的成绩有些下滑。K同学虽曾经在课堂上表现得游刃有余，但现在开始感到自己跟不上教学进度，尤其是在计算机组成原理、编译原理以及课程设计等方面。这影响了学生的课堂表现，同时也让学生对未来的专业发展感到焦虑。在与K同学的交流中，辅导员了解到学生一直在尝试通过自学来弥补这方面的不足，但由于课外项目和社交活动的压力，学生也感到自己的时间和精力都无法充分投入学术学习。在个人生活方面，K同学曾经是社交圈中的活跃分子，但最近的社交活动明显减少；K同学也向辅导员表达了自己对社交活动的退缩，提到了一些与同学之间的沟通问题，以及对未来职业方向的担忧，这让他逐渐失去了对社交活动的热情。这种情况也影响了学生的心理健康，使K同学在学业上更加孤立，难以寻找到合适的学习伙伴和资源。

二、分析与应对

面对K同学的学业和个人生活出现的问题，需要采取全面、有针对性的措施，确保学生能够充分发展个人潜力，顺利度过学业瓶颈期。

（一）深入分析学生面临的学业困扰

从学生的学科方向和专业背景来看，可以看出学生在人工智能领域有浓厚的兴趣，但由于计算机专业课程难度的提升，学生开始感到力不从心。在这种情况下，辅导员与K同学进行了深入的学业规划和课程选修方面的讨论，帮助学生明确未来职业方向和发展目标。通过调整学业规划，为学生提供更具挑战性和有益于个人发展的课程选择建议；积极联系专业教师，为该生及面临相同学业困扰的学生，展开课后学习辅导；对接校学生发展中心的资源，将课程难度较大专业的学业问题上升到学校层面，得到广泛的关注和校级各部门的协同助力；鼓励学生寻找适合自己学习风格的方法，例如，与同学组成兴趣学习小组、到专业竞赛中参与实际项目等，提高学科应用能力。

（二）关注学生个人生活中的问题。

社交活动的减少和对未来职业方向的担忧表明学生在毕业去向选择上，面临一定的心理压力。首先，与K同学建立亲近的关系，展开心理健康辅导，倾听学生的诉说及其内心的困扰。其次，通过引导、深入分析问题的根本原因，为学生建立积极的心态和对未来的信心。再次，除了辅导员的帮扶，也可以推荐其参与学校的心理健康活动和咨询服务，获取更专业的支持。最后，鼓励K同学积极参与社交活动，加强与同学之间的交流，拓宽社交圈，增加生活中的积极因素。通过这些措施，帮助K同学更好地调整心态，增强心理韧性，应对生活中的各种压力。

三、反思与启示

在面对K同学的案例时，高校辅导员需要关注学生的学业困扰，同时全面理解和关注个人生活的各个方面；在学生发展过程中，学业和个人生活密不可分；两者相互影响，需要综合性的辅导和支持。在该案例中，K同学在学业上的困扰反映了现代高校学子面临的普遍问题——专业课程的难度逐渐增加所带来的学业压力。这提醒我们辅导员队伍，不仅要关注学生在生活中的表现，还要关心学生对专业领域的真实兴趣和学业认知。此外，K同学个人生活中的问题反映了学生在面对日益复杂的社交关系和职业压力时，可能会出现的心理困扰。辅导员需要不断提高心理健康辅导的专业水平，通过沟通和引导，帮助学生理清情绪，培养积极的心态。这也意味着，辅导员需要更加敏锐地察觉学生的心理状态，主动倾听学生的需求，提供及时的心理健康支持。同时，高校也应当建设更加完善的心理健康服务体系，除了为心理问题学生提供心理帮助外，更要为大部分学生提供专业的心理辅导服务，使学生在面对困难时能够更好地应对、更加健康地成长。

反思本案例，在学生发展过程中，辅导员要关注学生学业和生活的平衡。

学业的压力和个人生活的问题往往相互交织，影响学生成长的全面性；辅导员不能仅仅局限于学业辅导或心理健康辅导，而是要将二者有机地结合起来，制订全面的辅导计划。

作为高校辅导员，要保持与学生的紧密联系，及时了解他们的变化和需求；注重学生的个性化需求，加强学业与生活的平衡辅导；提高心理健康辅导水平，为学生提供更全面、更贴心的支持和帮助。通过不懈努力，才能够成为学生成长道路上的良师益友，引导学生走向更美好的未来。

供稿人：李安东

帮助试读学生厘清自我管理的重要性

一、案例概述

小齐，男，土木工程专业大二学生，担任本班级的班长。本学期出现第一次试读。该生有自己的独立思想，对事物的看法不盲从，必须经过思考后方能认同。班主任从上学期开始对其督促学习，反复提醒后失去约束力，该生持续旷课，旷课节数已经达到处分警告级别。

二、分析与应对

在接到班主任寻求帮助的请求后，辅导员安排了时间与学生进行约谈。该生迟到近10分钟，打电话未接，在给其发短信时进来。从当初报到时看到小齐第一眼的印象和现在的感觉谈起，发现变化还是明显的。该生立刻反应为"变化是必然的嘛"，说明反应很快，并不缺乏正常思维，首先排除因学习方法或基础差所造成的试读，初步推断是主观认识或学习动机低的缘故。由开学时的印象打开了轻松的谈话大门，排除了戒备之后真诚坦率地告诉他今天为何找他来，出于奇怪，出于职责，出于关怀：一个负责任的班长，为什么会变成今天的试读生？这跟辅导员脑海中的常规模式差别很大，会产生疑问是人之常情，很想知道原因，希望他能理解。坦率的话语十分有效，消除了小齐的猜测。接着询问他造成今天这种状况的原因是什么，他的回答是"不方便说"，停止了辅导员对这个问题的穷尽追问，表示对他的反应的理解"或许你有自己的顾虑，没问题，辅导员不需要知道"。但是，要从别的切入点来了解情况。询问小齐对所学的专业感觉如何，回答是"没兴趣"，立刻问："那你是不是不愿意学这些专业课程，想做另外的选择？如果是这样或许你应该退学重新开始。"他马上否认，并非这样的原因，只是没有做好，是没有正确估计所导致的结果。通过一些交谈，可以断定小齐出现试读的原因是自我管理较弱。而且该生思维很活跃，发散性较强，经常会被某个念头引起发散，容易偏离辅导员正在谈论的某一个问题或观点，需要有机地再引回来。鉴于此种情况，对小齐的当前问题需要进一步明确。立刻借势问他："既然不打算放弃，那现在有什么计划？"从学习历史，到锻炼身体，又到多出去旅游增长见识，绕了一圈后，终于引导他看到了当下的问题，说到了事物的核心，"那至少要做到不能再试读"。学生表示会调整自己，不会出现进一步的恶化后，立刻肯定他的想法是对的，但知易行难，重要的是如何做到。小齐对此非常赞同，认为这是客观存在的，因此需要"执行力"来完成。由此开始，谈到如何坚持和做好的问题，小齐通过一个比喻来暗示自己其实已经在改变了，自己知道该如何做，只是还没达到那个令人刮目相看的程度。由此再进一步启发他学会管理自己、约束自己，这个坎只有自己来迈，谁也帮不了。最终了解了小齐的内心想法，知道了他目前的状况并不是缺乏对这件事的认识，对可能的结果严重性的认识，而是在做的过程中能否坚持，能否真正做到约束行动。

三、反思与启示

1. 对于主观意念较强、自主思维能力较强的学生，要开门见山地说出目的，如果发现其认识到问题后，对此就不要再做展开，可以在此基础上进入行动如何完成的环节。

2. 在倾听过程中，要及时捕捉到学生在叙述中所隐含的意思，发现其真正的含义，并立刻指出来。对正确的要肯定，如发现自我是个存在差异化的过程，并且不容易。不对的要引导其发现，如没有效果的学风建设还不如不做。教育重要的不是你告诉学生要做什么，而是让学生发现该做什么，此之谓引导。

3. 绝不能被学生带着天南海北地岔开话题游走，而是要艺术地终止，并且有效无痕地回到原话题上来。

4. 充分理解并尊重学生的个性，看到其中优秀的部分，并因势利导调动学生内在的自我肯定。真诚真心是一切良好关系的前提。

5. 持续追踪，观察学生后续的表现，如在班级上课时留意该生是否到课堂。与班主任保持经常性的沟通，掌握学生的发展变化，为今后的心理辅导积累素材。

供稿人：解丹坤

帮助学生适应研究生生活、激发学习兴趣

一、案例概述

小 D，男，研究生一年级。该导师找辅导员反映，小 D 同学天天在宿舍，让来实验室也不来，交代给他的任务也不去做，任课老师的作业也不准时完成。导师和小 D 交谈过多次，也和家长联系过，感觉这个学生很被动，认为如果小 D 不从内心出发，主动改变现状，研究生阶段的学习和科研任务他都很难完成，想找辅导员老师帮忙做一些心理辅导。

二、分析与应对

经了解，小 D 是本校本科生，复读两年后考上本校研究生。研一期间导师曾经介绍其到某单位实习，但任务完成情况不佳，不积极沟通，直言"没做"，也不说哪里不会，曾说自己"混吃等死"。

辅导员找小 D 谈话，了解情况。本学期该生选了 7 门课，其中已知 2 门不及格，还有一门课程可能也不及格。该生考上研究生后不太适应，对学习不感兴趣。前半学期上课较多，后半学期就只去上英语课、政治课。沉迷于打游戏，每天打游戏时长 6~8 小时，考试前的复习每天只花 1 小时。是家中独子，父母务农。基于这种情况，辅导员与小 D 添加了微信，多关注此生情况。根据他的情况，对他提出了几点要求：

1. 缩短玩游戏的时间。

2. 按时参加实验室的组会、多去实验室。

3. 问同届的同学、导师对新生的要求。（要求：每天 9：00~17：00 没课就到实验室学习）。

4. 多参加户外活动。

5. 多与导师沟通。

经过一段时间的督促和观望，小 D 慢慢适应了研究生生活，在学习和生活上都步入了正轨，打游戏的时间越来越少。所选课程基本不缺席，同时导师也安排了一些有趣的研究项目，让小 D 参与到研究中，激发他的求知欲和兴趣点。小 D 和他的同学参加了学校的篮球比赛等活动，与同学、导师、辅导员的沟通互动越来越顺畅。

三、反思与启示

（一）关注学生个体差异

每个学生都是独特的，他们有不同的兴趣、爱好和挑战。要深入了解学生的情况，关注他们的需求和问题，并制订个性化的辅导计划。

（二）建立良好的师生关系

与学生建立信任和亲密的关系，倾听他们的想法和感受，理解他们的困境和挑战。通过积极的沟通，可以帮助学生更好地适应研究生生活，并找到合适的学习方法和兴趣点。

（三）激发学习兴趣

引导学生发现研究生学习的乐趣和意义，帮助他们找到自己的学习动力和目标。可以安排一些有趣的研究项目或课程，让学生参与到实际的研究中，激发他们的好奇心和求知欲。

（四）制订合理的学习计划

帮助学生制订合理的学习计划，包括时间管理、目标设定、学习策略等。同时，可以提供一些学习资源和建议，如去图书馆、参加学术讲座、学习好的学习方法等，以帮助学生更好地适应研究生学习和生活。

（五）培养自律意识

引导学生认识到沉迷网络游戏的危害，帮助他们建立自律意识，掌握好学习和娱乐的平衡。可以组织一些自律意识培养的活动或讲座，让学生了解到自律的重要性，并逐渐养成良好的学习习惯。

（六）鼓励社交互动

鼓励学生参加各种社交活动，与同学、导师、辅导员等进行互动交流。通过社交互动，帮助学生更好地融入研究生生活，拓宽人际关系，增强社交能力。

（七）持续关注与支持

对学生的适应和学习情况进行持续关注和支持，及时发现和解决潜在问题。可以定期进行交流和指导，了解学生的进展和困难，并提供相应的帮助和支持。

综上所述，作为辅导员，要关注学生的个体差异，建立良好的师生关系，在激发学生学习兴趣、制订合理的学习计划、培养自律意识、鼓励社交互动以及持续关注与支持等方面进行反思和启示。通过综合运用这些方法，可以有效地帮助学生适应研究生生活并增强学习效果。

供稿人：严庆云

共同努力，家校合作助力学生重返学业轨道

一、案例概述

在大一期间，学生小 W 表现出较高的积极性，并担任班长一职。然而，进入大一下学期后，他在某门课程中失利，出现挂科，该生认为自己保研没有希望，导致其态度逐渐发生变化，对学业及班级事务的热爱程度逐渐减退。进入大三阶段，由于线上教学的特殊模式，小 W 的自我约束力逐渐削弱，多门课程成绩为零分，表现为不愿上课、忽略作业、不参加考试。尽管班主任和辅导员多次与学生进行沟通，但其行为未见明显改善，辅导员通过其室友了解到该生长期不住在学校宿舍，上课也经常缺勤，班级同学已经很久没见过他了。

进入大四上学期，辅导员关注该生的成绩单，发现许多未通过课程，如果该生再不努力，将有延毕风险。辅导员联系该生的班主任，和班主任商定，一起约小 W 及其家长来学校进行会谈，共同探讨协助小 W 完成学业的有效途径，以确保学生顺利毕业。会谈结束后，小 W 主动找教务老师报名重修相关课程，辅导员、班主任以及学生家长一起建立了学生学业监督群，及时沟通学生情况，设立监督机制，由班主任、辅导员及家长共同监督其课堂出勤情况。

二、分析与应对

（一）心理调适与问题根源分析

在大一下学期，辅导员针对小 W 表现出的异常情况，展开了一场深入的谈心，以探讨小 W 的心理状态及其问题成因。鉴于小 W 所面临的挂科以及由此导致的心理压力，致使他对学业丧失信心，此次谈话旨在深入了解其心理状况，并为其提供适当的支持与指导。

（二）建立家校合作

辅导员及班主任应与家长进行沟通，共同分析小 W 在学习上遇到的困难及

其成因，并制订切实可行的学业帮扶方案。通过构建稳固的家校协作关系，不仅在学业上对其给予关心，还重点关注其心理健康、人际交往等方面，为学生提供全方位的支持。

（三）设定明确目标与监督机制

在约谈过程中，明确了小 W 的学业目标，并制订详尽的计划，使他充分认识到重修课程的重要性。同时，构建了监督体系，由班主任与辅导员共同负责监控其课堂出勤情况，确保学习计划的顺利执行。

（四）心理健康支持

针对小 W 可能面临的心理压力，辅导员提供了相应的心理健康支持。鼓励他勇于面对问题，培养他应对挫折的能力，并根据实际情况推荐其接受专业的心理辅导服务。

（五）定期跟进与调整

为了确保小 W 得到全面的帮助，辅导员和班主任定期关注他的学业和心理状况。定期与小 W 进行沟通，了解他在学业和心理方面的需求及问题。评估分析小 W 在各个方面的表现，找出需要改进的地方。根据小 W 的实际情况对帮助计划进行调整，优化帮助方案，使其更具针对性。

三、反思与启示

（一）早期干预

在学生出现问题时，及时干预是关键。贯彻落实"三全育人"教育理念，及时发现学生在学业、心理、生活等方面的需求，设立学业预警以及干预机制，制定一人一策，定期反馈进展，实现精准的学业帮扶和发展支持。

（二）多方合作

家校合作，形成教育合力。通过共同商讨学业问题，形成对学业的共同责任感。监督群的建立也进一步加强了学校与家庭之间的协作关系。解决学业问题的重要参与者包括学校、家庭以及学生本人。加强多方协作，汇聚合力，能够更有效地应对学生面临的学业挑战。

（三）心理辅导与支持

对学生进行心理辅导和疏导贯穿全程，形成点面结合的立体辅导工作格局。加强心理辅导资源供给，让学生在面对学业压力时能够得到及时、有效的支持，及时缓解学习压力与学业焦虑，全方位帮助学生全面发展。

（四）建立学业支持体系

完善学业支持体系，包括监督预警机制、学风建设、学生心理辅导和疏导贯穿全程，形成有机的支持网络，依据班级特色和学习情况，有针对性地设计学风建设方案，引导学生积极探索大学学习目标及学习方法，提高个人认知与规划，激发学生学习的信心与动力。

（五）培养学生自我管理能力

注重培养学生的自我管理、自我调适能力，通过开展多维度、有针对性的学业支持活动，帮助学生转变学习状态，完善学习方法，提高学习效果。让学生具备更好的抗挫折能力和自我解决问题的能力。

供稿人：刘佳静

家校合作，帮助学业困难学生走出困境

一、案例概述

A 同学以较好分数被学校录取，但大一开始就出现基础课挂科的情况，大二由于出现多门挂科受试读警告。受疫情影响，A 同学高三一直上网课，上大学后由于课程时间加长、上课方式变化、开始上专业课等出现了适应较慢、自暴自弃的问题。A 同学所在的宿舍学习氛围并不是很好，经过和任课老师了解，得知会出现整个宿舍迟到或者翘课的现象。和家长沟通后，发现在家时，A 同学表现出来的与在学校表现的不太一致，家长说 A 同学临近考试时会在书房熬夜复习，家长认为 A 同学一直有努力学习。

二、分析与应对

经初步研判，这是一个典型的学业困难案例，并且学业困难的背后往往有着深层次的心理认知问题和学风建设问题。在与 A 同学本人、舍友、班主任和家长沟通后，辅导员认为 A 同学面临学业困难，原因主要有以下四点：

1. 认知偏差

A 同学家境殷实，认为不用特别努力读书，对专业前景没有深入思考，导致放松学习。

2. 心理落差

A 同学中学成绩优异，因高考失利进入本校，心理落差大，萎靡不振。

3. 焦虑问题

A 同学高考前因疫情产生焦虑情绪和状态，影响高考成绩。家长因害怕刺激学生而未与 A 同学讨论大学目标。

4. 学风问题

宿舍学习氛围不佳，降低了 A 同学的学习动力。

针对以上问题，辅导员开展了以下工作：

1. 了解根本原因

面对 A 同学的情况，首先需要深入了解根本原因。挂科可能是学科理解不透彻，也可能与疫情防控期间线上授课与当前面授的学习方式不同，产生不适应有关。适应问题可能涉及心理调适、学习方法的改进等多方面因素。其次通过与 A 同学进行个别面谈，探讨他对学业的认知和期望，以及他在适应过程中遇到的具体困难。

2. 建立信任与沟通

在与 A 同学的交流中，首先要建立信任关系，让他感到被理解和支持。了解他对课程的真实反应，以及在宿舍学习氛围不好的情况下，他是否感到孤独或无助。其次，通过沟通，帮助他表达内心的困扰和需求。

3. 联系班主任，共同制订个性化学习计划

针对 A 同学的学科困难，联系学生班主任共同制订个性化学习计划，包括明确学习目标、分阶段的学习计划、寻求辅导和帮助的途径等。帮助他找到有针对性的学习方法，同时关注他是否有学科选择上的困惑，是否需要调整专业方向。

4. 关注心理健康

A 同学的适应问题可能与心理健康有关。引导他了解心理健康的重要性，鼓励他寻求学校提供的心理健康服务。如果需要，可以建议他进行心理咨询，以解决可能存在的心理压力和焦虑。

5. 宿舍学风整改

针对宿舍学风问题，可以通过与宿舍同学和宿舍长的沟通，提出对学习环境改善的建议。鼓励宿舍成员建立共同学习规范，确保良好的学习氛围。可以考虑组织宿舍内的学习小组，共同协作提高学术氛围。

6. 与家长合作

与家长沟通非常重要。向家长详细介绍 A 同学在学校的表现和他面临的困扰，与家长共同探讨问题的解决方案。同时，与家长建立良好的合作关系，以便共同关心和支持 A 同学的成长。

三、反思与启示

学生在适应阶段可能会面临各种挑战，需要个性化的关怀和支持。辅导员要根据学生的具体情况制订有针对性的帮助方案，而不是一刀切的处理。帮助学生建立对自己学业情况的清晰认知，引导他们正视问题并主动寻求解决方案。

学生应该认识到自己的困扰，并勇于接受帮助。

学业问题往往与心理健康、学习方法等多方面有关。辅导员的工作需要全方位支持学生，包括学业辅导、心理健康服务、学习方法指导等。

开展学业预警，保障家长的知情权。与家长保持积极沟通和合作，使学校和家庭形成合力，更好地关注学生的全面发展。

供稿人：吴皓璐

走出低迷，重塑自信

一、案例概述

数字媒体技术专业是一个相对特殊的专业，既需要学生具备理科生的学习能力以及代码编写功底，也需要其具备可以堪比艺术生的艺术鉴赏能力以及绘画建模能力。在这样的专业背景下，对学生多方面发展的要求较其他专业更加突出，也因此出现因跟不上学习进度而对学习失去兴趣的同学。此外，专业的特质决定学生要在各种游戏中学习和汲取经验。这部分同学，往往比其他专业更加"顺理成章"的成为游戏的傀儡。

这次案例涉及的王同学，就是这样在大二下学期走向了试读。当他出现在辅导员面前的时候，眼前的男孩让辅导员感到了满满的消极状态：完全没有一个20岁男生应有的朝气。

在与该生谈话的过程中，辅导员发现该生对专业课从失去信心转变成厌恶与逃避。并且，因其对专业课的不自信和意兴阑珊，导致该生并不愿过多投入学习中，大部分公共基础课成绩也一落千丈，分数均在十几、二十几分，最高一门也只有56分。

问及试读后对未来学习的目标和规划，该生再次表现出极度的不自信，表示"希望能到60分"。学生对于网络游戏，既欲罢不能，又从心理上有一定愧疚，尤其是在聊及其父母时，父母平凡的工作和并不宽松的经济条件让这种愧疚在一定程度上有所放大。

二、分析与应对

经过了解，该生并不认为自己可以通过这些挂了的科目。极度的不自信，导致其进一步逃避学习，进一步沉溺于网络的虚拟世界之中，以躲避目前的情况。该生对未来学习、就业等并没有规划和目标，因而面对当时的成绩没有正确的评估，继续沉迷于游戏，没有动力走出游戏去面对自己造成的"烂摊子"。

该生性格内向，不善与人沟通，只身一人在北京，并没有很好地适应大学校园生活，和室友关系虽不紧张却也不亲密，在遇到问题的时候不懂得如何向他人寻求帮助。长期的懈怠、低迷的成绩，导致该生内心极度自卑，缺乏自信，不知道如何凭借自己的能力走出试读阴影。在遇到困难时更愿意在网络或虚拟的世界中寻找答案与解脱。

经过每周和该学生不懈的沟通、谈心，采取共情的方式，使学生觉得自己并不是一个人，才从能够听进去我说的话，后来慢慢愿意告诉我他的想法。经过和家长接触，发现其从小和父亲生活在一起，母亲常年外出务工，家庭环境相对贫困。所以父母对他抱有极大的期望。在他的学业遇到问题的时候，这种期望，却使他愧疚，让他逃避。所以，在和家长沟通的过程中，主要是向家长反映该生目前的情况，并希望家长能够和我们一起，对学生循循善诱，在监督的同时，也鼓励他的每一点进步。

试读学生面临的最大问题往往在于，面对眼前成堆的挂科，不知该从何下手。所以，辅导员的首要任务就是引导该生将学期课程、重修课程进行逐一分析，详细拆解，搞清楚每一门科目所需要的知识储备、课程难度、时间分配等。根据课程特点，制订学习计划。帮助该生意识到，这不是一个不能完成的任务。

所以辅导员每周督促学生来学院至少自习两次，其余时间让其自由选择。经过几周时间，该生逐渐适应了自习的节奏，对每门科目学什么，有多少没学，还能学多少都有了自己的衡量。经过一步步的引导、鼓励，该生在第二学期顺利取消试读，并且整个人的精神状态也有了极大的改变，穿着干净利落，言谈也自信了许多。

三、反思与启示

如本案例中的同学，面临外地生不能及时适应大学生活、专业课兴趣不足、家庭压力较大等诸多问题。综合表现，呈现出"学习一落千丈，沉迷游戏"的表象时，需要从家庭、班级着手，多方面了解学生生活情况，才能找到引导、鼓励学生的正确方向。

学生思想教育的开展绝不是单独依靠辅导员的力量就能实现的，辅导员要有全局意识，要利用一切资源开展好学生的思想教育工作。从此案例可以看出，辅导员、家长、宿舍同学的合力帮助才能更好地促进学生进步。

在深度辅导工作中，做好学生的谈话工作是找到突破口、取得成效的关键。

在一对一的谈话中，要目标明确，但也要注意技巧，谈话内容和方式要随着学生的反馈及时调整，因势利导。在谈话中平等、真诚的谈话态度与共情是有效谈话的基础。

供稿人：严庆云

多方合作解决少数民族学生学习困难问题

一、案例概述

某学年第二学期开学时，接到学部教务反馈：毕业年级需要完成毕设选题，但是一直无法联系到少数民族学生 A。A 同学为延毕学生，并且已经是延毕的第二年，如果不完成毕设选题则无法完成学业。辅导员在接到反馈后，立刻查看出入校申请，发现并没有这名学生的出入记录，便立刻通过微信询问学生是否返校但并未得到回复，拨打学生电话未接后收到微信回复"没有"。辅导员通过微信提醒毕设问题需要学生主动联系，并询问是否已经订好返京机票，该学生不再回复微信，拨打微信语音电话及手机电话也并未接通，联系该学生的父亲无人接听，后期打通其父亲电话发现语言不通，所以辅导员以发送短信的形式给其父亲说明情况但未收到回信。

二、分析与应对

面对这一情况，辅导员及时和领导汇报，联系学生处少数民族辅导员协助联系学生 A 及其父母，同时给 A 同学的微信、手机发送消息讲清楚现在的情况和不选题的后果。在经过多次联系后，学生处少数民族辅导员帮助联系到学生 A 的哥哥，他的哥哥比较重视 A 的学业问题，在他的哥哥的帮助下，辅导员再次和学生 A 取得了联系，并且说服 A 同学立刻购买机票从家返回学校，尽快完成毕业设计选题。

经过和 A 同学的沟通，发现 A 同学出现目前的情况主要是由于汉语能力薄弱、英语和计算机应用能力不足、学习动机不足等，延毕后又产生了自暴自弃、自卑等情绪。学生 A 认为毕业设计非常具有难度，所以自己一定无法完成，在多次纠结后选择了逃避这一方式。

辅导员在安抚情绪后逐步引导他正确面对现实问题。首先，辅导员联系学部领导帮助学生与毕设导师进行沟通和交流，指导老师意识到该学生目前存在的问题和面临的困境，帮助其完成毕设选题。其次，开展心理辅导工作，及时了解学生 A 已经完成的学业和取得的成绩并对其予以肯定，鼓励其多与导师沟通，对毕设多学多问，一定要通过自己的努力顺利完成学业。再次，在沟通中，为 A 同学分析完成毕设取得学位的好处和现在放弃的可惜之处，激发其学习主动性。最后，在后期的几个月中，辅导员定期关心其在校生活和毕设进展，并及时调整学生帮扶方案，最终该学生顺利完成毕业设计并取得学位。

　　在这个案例中，辅导员做到多途径沟通、灵活应对、协同工作：面对学生无法联系的情况，辅导员采用了多种方式，包括微信、电话等，以确保信息的多方面传达。查询学生的出入记录，了解学生是否已经返校，通过学生处等途径获取相关信息。在面对学生不同方式的沟通回复时，辅导员需要灵活应对，采用不同的沟通工具和方式，以提高成功联系的概率。在联系学生时，辅导员通过微信提醒学生关于毕设选题的情况，强调需要学生主动联系。在帮扶过程中辅导员与学生处等相关部门合作，共同努力解决无法与学生取得联系的问题。

三、反思与启示

（一）学生行踪的重要性

　　在学生工作中，学生的行踪信息对于及时联系和解决问题至关重要，因此辅导员需要关注学生的动向，充分发挥班干部的力量及时掌握学生的最新动态。

（二）多方查询信息

　　在学生无法联系的情况下，辅导员可以多方查询信息，包括学生的出入记录等，以便在紧急情况中获取更多的线索，及时并全面地分析学生情况。

（三）灵活运用沟通工具

　　在与学生和学生家长的沟通中，辅导员需要根据实际情况灵活运用不同的沟通工具，增强沟通的效果。

（四）及时行动

　　在发现问题后，辅导员需要及时行动，采取有效的措施解决问题，以避免问题的进一步扩大。

（五）家校合作

　　与学生家属和学生处的合作非常重要，协同工作能够更好地解决学生问题，确保学生工作的正常进行。

供稿人：吴皓璐

迎难而上

——遇到学业困难时学生的最好选择

一、案例概述

研二学生小 N，在离毕业论文开题报告上交还有两周请导师签字的时候，被导师说工作量不够，这个研究达不到论文的要求，如果不能扩展方向，就不能开题，这也就意味着要延毕。被导师驳回后的几天里小 N 的心情十分郁闷，始终处于愤懑中。该生对导师的评价不认同，认为以前的师兄师姐跟自己的水平是一样的，但他们都能通过而自己就不行，包括同级的其他同学也跟自己的水平一样，很不公平。该生认为自己付出了很多努力，辛辛苦苦做了一个月，开题答辩的时候评审老师没有提出任何意见，结果昨天说不行，要是有问题，应该早点说，现在还有十几天就要提交开题报告了，时间非常紧张，担心自己做不出来。该生本身没有做科研的愿望，只希望能够毕业即可，计划毕业后考公务员。感觉这样付出太不值得，想换导师，甚至退学。这些认识导致学生内心不甘、愤懑、委屈、意难平，至于导师说的努力方向，什么都不想干，就想有什么变通的办法能够按计划完成开题。

二、分析与应对

根据学生的叙述和学生自身的想法，可以得出如下推断：

1. 师生关系很一般，除了为数不多的学业上的问题探讨外基本没有交流。沟通方式也十分简单，能少说就少说，多数是结论性的汇报，没有研究过程的交流，遇到难题也不会主动寻求导师的帮助，从未跟老师进行过对未来规划和思想上的交流。

2. 导师对学生的关心很少，习惯于从科研学术水平来评判学生的成绩，否定、批评居多，总是强调这一届学生不如上届，让学生比较灰心，也不愿意多跟老师求教。

3. 该生目前停留在自我否定和对导师的抵触情绪中，精力与时间都在内耗中循环，不能开始新的努力，而越是如此，就越担心不能达到导师的要求而不能正常开题。

4. 该生之前的经历比较顺遂，认为当下的付出就已经足够。遇到困难被否定后在心理上接受不了，主观认为是导师的问题，而不是自己的问题，无法理性地从自身找原因。

针对这种情况，采取方法如下：

1. 帮助学生清楚当前的客观条件

首先，导师不可能调换，已经到了论文开题阶段，不可能因为这个原因换导师，也没有其他导师会同意接收。其次，导师虽然有论文能否开题的决定权，但是不会因为个人关系的好坏而随意决定，只会根据论文能否达到毕业要求来判断。最后，不能开题是质量还没有达到标准。

2. 帮助学生接受客观现实并正确看待自身问题

共情学生被否定批评的难过，任何人都会不舒服，这都是正常的情绪反应。但是，再怎么难受，事实都是需要直面的。如果只拿以前师兄师姐的论文来比较，这个参照方式不妥当，因为每一年都在发生变化，对研究生质量的要求只会越来越高，不会降低，拿过去来比照不是一个合适的标准。另外，为什么感觉别的同学跟自己差不多，但是导师却觉得没有问题呢？通过这些问题，来启发学生看到自己的研究结果还是没有达到要求，同时别的学生跟导师的沟通更多，对课题的内容有更多的交流，导师理解的更多。这两方面都是自己缺乏的。

3. 教会学生解决问题的根本是先做起来

让学生放下不切实际的想法，认真去修改，先做起来，不要想结果。在做的过程中，遇到瓶颈和困难主动与导师沟通，不要被动等老师来问，即便是导师的批评，也是就事论事，与自己的品格没有关联。要提醒自己，重要的是完成课题，其他的都可以忽略。

4. 破除努力后就一定会被认可的想法

努力了也有可能失败，并不是努力了就必须获得认可，努力后也有可能会失败。但是不努力就什么都不会有。不符合要求是对能力水平的评估，不是对付出程度的评估。没有达到论文要求，就说明还需要修改，或许是还不够努力，或许是能力只能达到这样的水平，但无论是什么原因，都需要接受。

三、反思与启示

1. 在与学生交谈时语气需柔和平缓，态度真诚关切、有亲和力才是一切良好辅导的开端。

2. 帮助学生分清主观认识与客观存在的区别，先接受现实，再谈如何改变，凡事先做起来，而不是先预想结果。

供稿人：解丹坤

助推少数民族，携手共同进步

一、案例概况

小五为新疆籍学生，11 月检查课堂时发现该生总不去上英语课，去宿舍查看发现他在宿舍里躺着，催促其上课，并约定下课后谈话。该生自述自己为新疆籍学生，新疆高考不考英语，从高一以后一直没有学过英语，2019 年在北京上的预科班，虽然有英语考试，但全班都是新疆学生，英语成绩都不好，考试比较简单，升入大学后，上英语课时感觉大家英语都特别好，老师上课所讲内容也听不懂，只能睡觉。问其其他科目是否也有跟不上的情况，表示其他的科目大家都是刚接触，基础差不多，所以一起学习一起进步。只有英语差得太多了，不知道该从哪里开始学，从哪里开始补，感觉无论怎么学习英语都要挂科了。通过沟通发现其旷课的主要原因是英语基础差，老师上课的内容听不懂，与同学上课心理落差大。

二、分析与应对

根据小五的情况，他面临的问题属于大学生中比较常见的学习困难问题，特别是对于少数民族学生来说，由于语言和文化背景的差异，可能会在学习上遇到极大的挑战。此外，小五也表现出一些自卑和焦虑心理，这可能是由于与同学之间的学习差距而产生的。

针对小五的情况，作为辅导员，我采取以下措施来帮助他走出英语学习的困境：

1. 个性化学习资源推荐

针对小五的具体需求，为他筛选出最适合的学习资源。考虑到他的基础较为薄弱，可以从基础音标、单词开始，逐步过渡到语法和句型。同时，推荐一些适合他的英语软件和在线课程，帮助他制订适合自己的学习计划。

2. 学习小组与伙伴互助

鼓励小五与室友或班上英语较好的学生组成学习小组，这样可以互相监督、互相帮助。可以定期组织小组讨论或作业分享，让小五在合作中提高英语水平。

3. 定期心理辅导与指导

除了学习上的困难，小五可能还会有心理上的压力和困惑。定期与他进行面对面的交流，了解他的心理动态，给予他正面的鼓励和支持，帮助他建立积极的心态。

4. 与教师建立紧密联系

与小五的英语教师建立良好的沟通机制，及时反馈小五的学习状况，请求教师在课堂上给予其更多的关注和指导。同时，鼓励小五多向教师请教问题，及时解决学习中产生的困惑。

5. 充分利用学校资源

除了学习资源，学校还有很多其他资源可以帮助小五提高英语水平。例如，图书馆的英文书籍、英语角的活动、外教的辅导等。建议小五多参与这些活动，提高自己的英语应用能力。

6. 阶段性学习评估与反馈

每隔一段时间对小五的英语学习情况进行评估，根据评估结果调整学习计划。这种阶段性的评估可以确保学习方向始终正确，也可以让小五更加明确自己的进步和需要改进的地方。

三、反思与启示

随着新疆与其他省份的交流增多，新疆学生大量进入其他省份求学。这为他们提供了更广阔的发展平台，也为他们带来了适应大学生活和学习的新挑战。由于文化背景、语言环境等方面的差异，部分新疆学生在适应大学生活和学习方面遇到了一定的困难。因此，开展针对新疆大学生的帮扶工作至关重要。

为了更好地支持新疆大学生，我们可以采取以下措施：

1. 加强学术辅导

组织优秀学长学姐、专业教师等，为新疆大学生提供个性化的学术辅导服务，解决学习难题。制订详细的辅导计划并定期进行评估调整，确保辅导效果。

2. 设立心理咨询室

配备专业的心理咨询师，提供心理咨询服务，帮助他们缓解学习压力、调整心态，以便他们能更好地适应大学生活。

3. 组织文化交流活动

通过民族风情展示、文艺演出等，让新疆大学生更好地了解其他省份的文化，促进各民族学生之间的交流和理解。

4. 提供生活帮助

作为辅导员，应重点关注新疆大学生的生活状况，为他们提供必要的生活帮助和支持，建立新疆大学生互助平台。

5. 完善个性化辅导机制

了解每个新疆学生的学习状况和需求，制订个性化的学习计划和辅导方案，加强与新疆学生的沟通和反馈。

6. 加强宣传推广

利用多种渠道进行学困帮扶工作，让更多的新疆学生了解并参与进来。

开展针对新疆大学生的帮扶工作是一项长期而复杂的工作，需要我们不断努力和完善。通过加强学术辅导、心理支持、文化交流和生活帮助等方面的措施，我们可以更好地支持新疆大学生适应大学生活并克服困难。同时，也需要更多社会力量和资源的参与和支持，共同为促进新疆学生的全面发展而努力。

供稿人：杨煦

诚信的十字路口：一次学术不端的辅导之旅

一、案例概述

作为辅导员，深知学术诚信的重要性。近期，一名学生在期末考试中使用小抄，违反了学术诚信原则，并可能对他的未来造成严重影响。尽管班级里曾专门召开班会并要求每位学生签署诚信考试的承诺书，但这起事件仍凸显了学生行为与理念之间的鸿沟。

在得知此事后，辅导员立即与教务部门沟通并确保按照学校规定处理。第一时间与学生进行了一对一谈话，了解到他作弊背后的原因——对出国的焦虑和压力。

二、分析与应对

在处理学生考试作弊事件时，辅导员需要采取一系列措施。首先，辅导员应认真听取学生的陈述，了解其情况和原因。其次，保持冷静和公正，以便获取事件的完整背景。最后，避免盲目指责，要深入了解背后的原因和情境。

1. 辅导员需要向学生解释学术不端的严重性以及相关的校规校纪。明确指出其行为的潜在后果，包括学术处罚、对未来发展的影响等。这一步是必要的，以帮助学生认识到问题的严重性并使其积极配合改正。

2. 考虑到学生的情绪波动，辅导员应提供心理支持，确保学生能够稳定情绪并从事件中恢复。鼓励他表达感受，倾听其困惑，并给予其积极的引导和建议，帮助学生建立正确的态度和价值观。

3. 为了帮助学生深刻反思并改正错误，辅导员应引导学生进行自我反思。鼓励他提交书面的考试违规检查，这有助于他认真审视自己的行为并认识到自己的错误。同时，与学生共同制订一个详细的行动计划，包括具体的补救措施和避免未来出现类似错误的策略。讨论如何通过时间管理、提高学习技巧等方式来避免学术不端的行为。

4. 为了加强家庭和学校的合作，辅导员应主动联系学生家长，向他们详细说明情况。邀请他们参与到学生的教育和改正过程中来，共同为学生的成长提供支持和引导。

5. 在处理过程中，辅导员应持续跟进学生的状态和改正情况，并及时提供反馈。定期与学生进行交流，检查他的进展并给予必要的建议和支持。关注学生的长期发展和成长。

三、反思与启示

作为一名辅导员，需要明确自己的职责不仅是学业指导，更是在品德、情感和人生道路上给予学生正确的引导。辅导员需要重新审视自己的角色和责任，更加关注学生的全面成长和发展。

此外，这次事件也提醒我提前预防胜过事后处理。辅导员应该采取多种措施来预防学生犯错误，例如，加强诚信教育、提供心理支持、建立有效的沟通渠道等。通过提前的预防和干预，辅导员可以帮助学生更好地认识问题的严重性，增强他们的责任感和诚信意识。

同时，作为辅导员也应该意识到诚信教育不应该是一时的行为，而应该是一个持续的过程。辅导员应该在日常教育中不断强调诚信的重要性，帮助学生认识到诚信不仅是学术的要求，更是对人生的选择。只有这样，学生才能真正树立正确的价值观和行为准则。

为了更好地满足学生的需求，辅导员应该更深入地了解学生的挑战和困难。每个学生都有其独特的生活背景和学术需求，只有深入了解他们，辅导员才能为他们提供真正有意义的帮助。同时，建立起开放和有效的沟通渠道也是非常关键的。当学生面临困难时，辅导员应该成为他们首选的倾诉对象，帮助他们找到解决问题的途径。

最后，与家长的合作也是不可或缺的。家长是学生的重要支持者和引导者，他们的言传身教对学生的成长有着巨大的影响。辅导员应该与家长紧密合作，共同为学生的成长提供一个健康、正面的环境。通过与家长的协作，辅导员可以更好地了解学生的家庭背景和成长经历，为其提供更加个性化的支持和指导。

供稿人：赵伯言

学术困境中的启示

一、案例概述

P 同学，一位大三学生，平时在课程学习和学术研究上表现出色，具备扎实的学科理论水平和实践能力。但在上学期导师指导的课程设计中，P 同学在处理实验数据时复制了其他同学的实验数据，导致被导师挂科。课设小组的其他同学也因此受到波及，带来了负面影响，使得 P 同学的学业和未来发展蒙上了一层阴影。面对导师的挂科决定，P 同学感到极度焦虑和无助，作为课题组的骨干成员，该生对未来的科研生涯充满期待，但这次的行为让其陷入了深深的自责中。近几个月来，P 同学的辅导员注意到学生的表现有了明显的变化，逐渐显露出一些问题。进一步了解后，发现 P 同学的社交活动也明显减少，在人际交往中变得沉默寡言，不愿意分享自己的近况；他开始质疑自己的学业选择，对未来产生迷茫。面对这些情况，学生试图独自承受，但逐渐陷入情绪低谷，影响了正常的学业和生活。

二、分析与应对

面对 P 同学学术不端和导师挂科的问题，作为高校辅导员，需要采取一系列的综合性分析与应对措施，帮助 P 同学正视问题、走出困境。

1. 心理辅导

对于 P 同学而言，该生原本有意向参加推荐免试攻读研究生，导师此次给的挂科无疑是沉重的打击，打乱了原计划的个人发展路径，由此引发了学生的情绪波动、自卑感和焦虑情绪。辅导员通过开展深度倾听，借助心理辅导技巧，引导 P 同学表达自己的感受和想法，帮助学生理清复杂的情绪，逐步接受事实，并找到自我调适的途径；同时对 P 同学追求成绩的想法表示理解，也要避免过度批评与指责，让学生感受到身边有人在关心、支持和鼓励他。

2. 关注学业问题和发展路径

P 同学在原本优秀的学业成绩上出现了明显的下滑，出勤率下降且在课堂上表现出疲态。这是心理困扰导致的。为了帮助 P 同学重新建立学习积极性，需要采取积极倾听和理解的态度，与学生建立信任关系。在沟通中，要尽力了解学生对学业的疑虑和困扰，并鼓励学生分享对未来的期许和规划；同时提供有针对性的建议，促进学生对学术规范和道德的深刻反思。例如，引导学生积极参加人工智能前沿学术会议和论坛、向学生推荐高新技术企业实习机会等，通过这些实践性举措，可以协助 P 同学找到适合自己的学业发展方向，重新规划人生路径，点燃对专业的热情。

3. 广泛的诚信教育和宣传

对于学校而言，需要建立一个合理公正的学术处理机制，在面对类似于复制实验数据等的情况时，学校应确保对学生进行公正公平的审查，维护学术道德。这次事件表明，学生对学术规范认知不足、对研究伦理的理解也不够深刻。为此，辅导员通过班会进行全员教育和宣传，着重强调对于学术道德和学术规范的重视，倡导建立更为健全的学术文化氛围，提高学生对于学术道德的认知水平，并明确学术规范。通过开展相关讲座、研讨会，辅导员帮助学生树立正确的学术观念，引导学生以诚信为本，追求真实、客观和有贡献的学术成果。

综合而言，针对 P 同学的挂科等一系列问题，通过心理辅导、学业帮扶、宣传教育等手段，全面展开帮助和引导。同时，以保障个体权益为前提，努力促成学术纠纷的妥善解决，为学生创造一个更为良好的学术环境。在这个过程中，不断提醒学生要树立正确的学术价值观，注重学术道德和规范，为学生未来的学术研究奠定坚实的基础。

三、反思与启示

P 同学的案例对辅导员在学生成长过程中的引领和教育责任提出了挑战和警示。这一案例不仅涉及 P 同学个体的学术失误，更涉及整个班级学术研讨和团队氛围的问题。这对于高校辅导员而言，具有深远的启示。

首先，深刻认识到学术不端问题的发生并非偶然。学术不端的背后可能隐藏着学生对于学术规范的认知缺失，辅导员要时刻关注学生的学术行为，及时介入，并帮助学生树立正确的学术观念。同时，也需要关注导师与学生的沟通与协作，促进师生之间的良好互动。

其次，在处理学术不端问题时，辅导员应坚持以教育为先的原则。通过深度沟通和心理辅导，帮助学生认识到学术不端的严重性，引导学生深刻反思。

教育的目的不仅仅是纠正学术错误，更是引导学生养成诚实守信的学术品质，为未来的学术研究奠定基础。

再次，辅导员要发挥其重要的桥梁和纽带作用，推动学校内各个部门的协同合作。在 P 同学的案例中，学术问题不仅关系到学生本人，还影响到整个课设小组的研究氛围。辅导员需要积极与学校相关部门、导师、学生沟通，协调各方资源，共同推动学生的学术成长和团队的稳定发展。通过建立更加紧密的团队合作机制、形成良性互动，使得在课堂中即可化解类似问题，预防学术不端行为的发生。

最后，辅导员要加强与学生的互动，促进建设性的沟通。在学生面临学术问题时，辅导员不仅仅是解决问题的专业顾问，更是学生心灵的支持者。通过真诚的倾听、理解和鼓励，辅导员能够帮助学生走出学术困境，找到正确的学术方向；能够帮助学生规划和制订改进计划，引导学生重拾科研信心。辅导员的陪伴和指导，对于学生的心理健康和学业发展都具有重要的影响，应当注重培养和提升学生这方面的专业能力。

P 同学学术不端的案例让辅导员产生了深刻的反思与启示。在面对学术问题时，辅导员需要在以教育为主的基础上，注重团队协同，积极沟通，共同推动学术规范和道德的建设。只有通过全方位的教育和引导，才能更好地培养出具备正确学术观念和道德品质的高素质人才。

供稿人：李安东

用真诚引导，建立良好师生关系

一、案例概述

学生小高，男，为学校毕业年级学生。在毕业年级期间，所在专业安排了专业认知实习，而学生小高与自己的实习指导老师在时间安排上发生了冲突。小高认为，自己目前正处于毕业年级，有复习公务员考试的安排，同时也有毕业设计需要推进，希望在实习方面指导老师能够降低对他的要求，以便他合理安排自己的时间。而指导老师认为不能因为他有其他的事情就降低标准，这样与专业认知学习的初衷不符。在争执中，小高开始对与老师沟通产生了回避情绪，而指导老师对此更加生气，表示不会让他通过。小高非常担心自己会因为挂科无法顺利毕业，所以找到辅导员老师希望获得相应的帮助。

二、分析与应对

该案例中的小高在本科期间成绩属于中上等，在班级中与老师、同学都相处良好，情绪一直比较平稳。但是在进入大四之后，因为他需要参与的事情非常多，他发现自己无法合理安排自己的时间，导致任务越积累越多。对于自己未来选择的迷茫也常常使他感到焦虑，据小高所述，他的父母希望他能够考上公务员，而一直不知道自己想要从事什么工作的他便听从了父母的建议。在人际关系方面，小高正面临与专业实习指导老师沟通不畅的问题。

1. 引导学生挖掘问题根源

在接到小高的求助后，辅导员第一时间安抚了他的情绪。在他的情绪逐步稳定后，辅导员开始帮助他分析。目前小高存在的问题是时间规划和与指导老师的沟通问题。辅导员让他列出本次专业实习的安排与目标，帮助他认识到专业实习对他未来发展的重要性。随后，辅导员引导他回顾在与指导老师沟通时是否有表述不全面、情绪激动、不尊重老师等问题，小高反馈自己和老师说自己忙不过来，但是并没有清晰表达自己是因为要准备毕业设计和公务员考试等，在得到老师拒绝后稍稍有些恼怒，所以语气激烈了一些。

在梳理完问题后，辅导员继续引导小高如何针对自己目前的处境进行自助，即如何在自己的有效时间内完成专业实习指导老师的任务。小高表示，指导老师的任务一般都是可以在电脑上完成的，他近期都在家中备考，因此认为到指导老师的办公室进行汇报非常浪费时间，他可以与指导老师申请在线上进行汇报，让老师及时了解进度。

2. 帮助学生进行自我规划

除了与指导老师的沟通问题，辅导员还关注到小高存在时间规划不合理、对未来发展规划不清晰等问题。经过图表这种比较直观的方式，小高梳理出自己近期主要任务的重要性和难易程度，并以此为参考简单规划自己的时间。针对未来发展，辅导员建议他多参与学校组织的毕业生求职相关讲座，在准备公务员考试的同时也可以探索自己的其他发展方向。

三、反思与启示

在本案例中，小高后来反馈自己和专业实习指导老师进行了诚恳的道歉，表示自己正在准备公务员考试和毕业设计，希望能够通过线上汇报等形式向老师展示自己的实习成果。指导老师也对他表示理解，鼓励他认真复习，争取在考试中取得好成绩。在师生交流中的矛盾，很多都是因为表述不清晰、沟通不到位而造成的，学生容易将老师的拒绝理解为老师针对他个人行为的不接受。

辅导员在解决师生沟通问题时，首先要接纳学生的不良情绪，不要一味地压制和批评，否则学生容易产生逆反心理从而对辅导员不再信任；其次，在学生情绪稳定之后，要引导他正确认识老师的安排、要求的合理性，回顾和老师交流的语言表述方式，以便学生自己明确自己的问题，有必要时，也要与相关老师进行沟通和交流，掌握更加全面的信息；最后，在完成引导后，帮助学生针对自己的问题提出解决方案，并定期与学生沟通了解实施进展，在长期的相处之中，学生与辅导员才能建立更加信任的关系，辅导员才能更好地发挥其在学生成长成才道路中的引路人角色。

供稿人：张晓茜

03

危机应对篇

学会有效应对学生危机事件是每一位高校辅导员的必修课。工作中典型的学生危机事件类型包括心理危机、意识形态、校园传教、网络舆情、网络诈骗和校园危机事件等。学生危机事件具有突发性、复杂性、进展快、影响大的特点，这就要求处理学生危机事件时不仅要有制度建设的保证，还要有系统性、综合性和紧急性的特殊应对措施。

包容感情的差异，学会理解与等待

一、案例概述

小 H，工商管理专业大二学生。在上学期进行过心理约谈，筛查是否有适应不良的问题，经谈话后发现其对自我存在一些强制完美的倾向，对他进行了相应的辅导，并留下了联系方式。

小 H 当前的困惑自述是：有时感到烦闷，没有心思干别的，生活、学习受到影响，原因是目前跟女朋友的关系处于很矛盾的、彼此疏离但又无法割舍的状态，两人产生分歧，互有抱怨。其与女友是高中同学，女生目前在西安上大学，同一年级。在高中毕业后二人依然保持着恋人关系，但因为相隔较远，几度分分合合，关系纠缠，彼此的心情都不好。小 H 对自己付出的很多却不能够被女友看到和理解感到非常苦恼，但依然看重这段关系，并不打算放弃，愿意去努力，却不知该如何去做。有时想跟对方好好沟通，却因为一些指责、对方的抱怨搞得气氛紧张，等冷静下来承认错误时女朋友却不接受，内心也比较难过，因此来求助。

二、分析与应对

这是很多大学恋人都会经历的问题，也是一个现实的、不能回避的问题，因为两个人的观点不同而导致的矛盾。两个人对于感情的理解与看法存在差异，双方都站在自己的立场与角度期望对方，故而产生误解，而越希望澄清，就越着急辩解，反而会起反作用。

咨询对话：

我：你对这段感情怎么想，坚持还是放手，她对你来说重要吗？

H：重要，我很看重。

我：既然很重要，那么在感情出现问题时你希望她怎样？

H：希望她能快乐。

我：为了她的快乐，你能做什么？

H：给她安慰，发短信之类的。

我：这些方式都对，不过，你有没有想过最重要的是什么？

H：不知道。

我：是理解与包容。男女感情的差异是天生就存在的，对事情看法的不同需要沟通，重新认识这一问题也需要时间。就好像你看到一团乱麻，应该从这里捋是对的，但是她看到后却说从那边捋，即便你的看法是对的，但是这个时候，你冲上去强制地说你看这是不对的，效果会怎样？

H：不能拔苗助长是吗？

我：对，必须让她自己去发现问题，越是关键的问题越是如此。

H：那就只能等着时间去发现，就不能做什么吗？

我：可以。尊重并不意味着什么都不做，而是理解她的痛苦、纠结与对感情的珍惜。先从自己做起，不要期望一次就能证明，每次都如此，才是真的如此。你可以就这个问题好好地谈一谈自己是怎么想的，平静不带指责的沟通是很重要的。

H：有时候，我会觉得烦，都做了这么多努力还是没有用。

我：你会抱怨很正常，但是任何事物都是需要付出的，你首先应该选择的是你如何对待这段感情，是坚持还是放手。如果坚持，这些苦就是你必须承受的，是回避不了的，你能做的是暂时不去想这些，转换一下情绪。

H：我其实发短信的时候跟她说过："咱们都冷静一下，你别总是看到我的过去，我现在已经改变了想法，你怎么就不信呢？"但她就是不信。

我：下次你要发短信，先把发的信息让自己站在一个接收者的角度看一看。比如，这是她发给你的短信，你看到了是什么感觉。如果你都是带有指责意味的帮助，那么这种帮助就越帮越会遭到抵抗，因为每个人都有自尊，都希望做自己。

经过咨询辅导，小 H 渐渐明白了如何去理解彼此的差异，接纳包容的重要性，他会在以后逐渐学习这些方式。

三、反思与启示

（一）在感情中的理解与尊重不仅体现在语言上，更体现在对对方的接纳上。既要接受一个人的优点，也要包容一个人的缺点，要让对方有权利做自己（可以借鉴亚瑟王朋友加温与女巫的故事）。

（二）让恋爱中的人发现自己的幼稚，需要时间与耐心，一件事该怎样去认识并成熟应对是一个成长的过程，只能引导、启发其去发现，不能强加与替代，只有通过自己去发现才能真正变得成熟。

（三）感情可遇而不可求，美好的情意值得珍惜呵护，两个人在一起要经得起时间的检验，这需要双方共同付出努力，任何单一的付出都不能成功。

供稿人：解丹坤

健康恋爱，走出阴霾

一、案例概述

小张是一名高校学生，曾经谈过一场轰轰烈烈的恋爱。在恋爱期间，经常在朋友圈高调晒出自己的恋爱经历，如甜蜜的合影、礼物和情书等。然而，最近她的感情出现了问题，导致她频繁在朋友圈发表一些负面情绪和挽回感情的言论。这种状态已经持续了一段时间，不仅影响了她的情绪和生活质量，还可能对周围的同学产生一些不良影响。作为小张的辅导员，我注意到小张同学在失恋后的行为表现，她对前任男友有着强烈的感情，分手给她带来了很大的打击，使她久久难以走出阴霾。

二、分析与应对

为了帮助小张走出失恋困境，我制订了以下方案：

1. 倾听与关注

首先，我与小张进行了一次深入的谈心，我告诉她，失恋之后感到痛苦和无助是一种常见的情绪反应，她并不是个例。其次，在表达了我的关注和支持之后，小张感受到了我对她的尊重，逐渐敞开心扉。

2. 心理疏导

第一步，我向小张介绍了积极心理学的概念，教她正确看待失恋。第二步，我鼓励她多关注自己的兴趣爱好和学业发展，特别是自己的专业学习，将注意力从感情纠葛中转移出来。第三步，我还向她推荐了一些心理学领域的书籍和文章，帮助她增强自我认知和情绪管理能力。

3. 社交支持

我鼓励小张多参加一些社交活动，结交新朋友。通过与他人进行交流和互动，她的心情会变得更加开朗，有助于缓解失恋带来的负面情绪。我还联系了一些热心的同学，让他们陪伴小张参加一些集体活动，给予她更多的关心和支持。

4. 树立榜样

我向小张介绍了一些成功走出失恋困境的案例，并邀请一些心态积极、生活充实的学生与她交流。通过了解他人的经历和故事，小张能够更好地认识到失恋并不可怕，也可以重新开始。

5. 提供专业资源与支持

我联系了学校的心理咨询中心，为她预约了专业的心理咨询师。经过专业的心理咨询，小张得以深入剖析自己的情感问题，学习新的应对策略，并逐步找回生活的平衡。

6. 建立长期关注机制

为了确保小张能够从失恋的阴影中走出来，我决定与她建立长期关注机制。我会定期与她进行沟通，了解她的近况，并为她提供必要的建议和帮助。同时，我也会鼓励她定期与心理咨询师进行交流，确保她在心理和情感上得到持续的支持和引导。

三、反思与启示

通过帮助小张走出失恋困境的案例，我深刻认识到辅导员在处理学生情感问题时的重要性：

（一）关注学生的情感需求

从高中进入大学，环境的改变让大学生的情感问题往往复杂而敏感，作为辅导员，我们需要关注学生的情感需求，并及时提供必要的支持和帮助。在处理这类问题时，我们要以关心和理解为前提，尊重学生的感受和隐私权。通过倾听、引导和陪伴等方式，帮助学生走出困境。

（二）发挥集体的力量

通过组织一些集体活动和社交场合，可以让学生更好地融入集体、拓宽视野、发现新的兴趣爱好和建立新的社交关系。这有助于缓解学生的心理压力和负面情绪，促进他们的身心健康发展。

（三）培养学生的自我认知和情绪管理能力

通过提供心理学领域的书籍、文章等资源，我们可以帮助学生更好地了解自己的情绪和需求，学会积极应对生活中的挑战和困境。同时，我们还可以通过举办讲座、工作坊等形式培养学生的自我意识和自我价值感。

（四）引导学生树立正确的爱情观，倡导健康恋爱

1. 加强道德规范和法律法规教育

要加强道德规范和法律法规的教育，要让学生学会正确处理爱情与学业、事业之间的关系，懂得爱情是一种责任和奉献。

2. 加强自我保护意识的教育

要加强对学生在恋爱过程中自我保护意识的教育。面对爱情，首先要摆正自己的心态，应自尊、自爱、自强、自重，既不能盲目地追求爱情，也不能过分地要求对方付出。

供稿人：刘诗桐

失恋学生的深度辅导

一、案例概述

小明是我带的大二的学生，我在刷朋友圈时，发现他发的朋友圈内容很悲观，心情不太好，后来找学生心理约谈才知道，他失恋了。学生自述很想在大学谈恋爱，追了几个女生，对方都觉得不合适，他总是被拒绝。最近的这个女生，是在选修课认识的，聊了几天，对方感觉可以先试试。于是就确定了恋爱关系。然而好景不长，关系确立才一个月，对方就提出了分手，让小明很伤心难过，一段感情的失败让他陷入了情感的泥淖，陷入了自责、失落和对未来的不确定感中。他时常找宿舍同学喝酒买醉，时常在朋友圈发一些对自己负面的评价，感觉自己不够好。这一系列情感问题开始影响他的学业和社交关系，使他感到彷徨和沮丧。

二、分析与应对

（一）深入了解情感困扰的根本原因

和小明进行敞开心扉的沟通，了解他的情感经历和家庭结构。小明在大学之前，恋爱经验为零，上了大学很想谈恋爱，喜欢颜值高的女生。曾经几次主动追求女生，但是都被拒绝。家庭方面是单亲结构，父母离异，和母亲一起生活，幼年时就和父亲断了联系。母亲对儿子管教比较严格，而且很依恋自己的儿子。通过与小明的多次深入交流，我逐渐发现他的情感困扰不仅是来自一段感情的结束，更深层次的是他对自我价值的怀疑和对未来的不安全感。这让我认识到问题的复杂性，需要进行综合性的辅导。

（二）提供情感支持和倾听空间

在初期的辅导中，我主要以提供情感支持和安全的倾听空间为主。我让小明感到他在我这里可以表达自己真实的情感，不用担心被批判。并告诉他，对于一个二十岁左右的大男孩，渴望谈恋爱是一件再正常不过的事情。不用过度负面评价自己。这种倾诉过程有助于他逐渐理清思绪，释放内心的情感。鼓励学生在大学中勇敢地尝试新的恋情，爱情需要学习，一次失恋并不代表什么。

（三）引导学生直面情感并制订应对计划

在逐渐建立信任的基础上，我引导小明深入思考自己的情感，为下一次追求女生奠定基础，同时为其出谋划策，比如，不用着急表白，先做朋友，多关心女孩子，可以先约出来吃饭、聊天、散步。别让女生产生不必要的担心和戒备。鼓励学生勇敢地去追求，并协助他学习如何看待情感，这包括从积极的角度看待自己、设立小目标，以及寻找新的兴趣爱好等，从而逐渐摆脱感情的阴影。

（四）推荐心理咨询服务

鉴于小明情感问题的深度，我建议他考虑尝试校内心理咨询服务。专业的心理医生可以通过更系统和深层次的辅导，帮助他更好地理解和应对情感问题，提供更专业的支持。

（五）探讨个人成长和自我认知

在辅导过程中，我和小明共同探讨了个人成长和自我认知的重要性。我们讨论了如何从这段感情失败中汲取经验，认清个人的优势和价值，并将这一经历视为成长的机会。

三、反思与启示

（一）关注学生全面发展

这次深度辅导让我更加深刻地认识到学生的感情问题可能远不止表面所见，而是影响到他们的全面发展。辅导员需要在辅导过程中全方位关注学生的学业、情感和社交层面。

（二）提供安全的倾诉空间

学生在经历感情挫折时，需要一个可以倾诉和释放情感的安全空间。辅导员不仅是建议提供者，更是成为学生倾诉的对象，让学生感到被理解和支持。

（三）引导学生积极应对

在处理感情问题时，引导学生学会积极应对是至关重要的。这包括改变对自己的看法、培养新的兴趣爱好，以及寻求专业帮助等。这有助于他们更积极地面对生活中的挑战。

（四）重视心理健康服务

学校应该提供完善的心理健康服务，包括心理咨询、心理教育等。这有助于学生及时获得专业帮助，更好地应对各种情感问题。

　　通过这次深度辅导，小明逐渐学会了理解自己的情感，接受现实，并通过积极的方法调整自己的心态。

　　　　　　　　　　　　　　　　　　供稿人：付邵阳

同舟共梦，做心灵守护者

一、案例概括

小 F 是一位来自港澳台地区的大学生，曾因初一时期遭受老师体罚而产生自杀念头，但未付诸行动。长期以来，他饱受入睡困难、晨起惊醒、食欲不振的困扰，与人交往时因担心冒犯他人而尽量避免社交。学习效率低下和长期偏头痛、肠痉挛也困扰着他。访谈中，他表现出全身发抖、出汗的状况。近期，虽然他状态有所轻松，但仍感到消极，感觉自己的精气神逐渐消失。每周定期进行心理咨询，临近考试时，辅导员观察到他在宿舍无明显身体动作，但手心会出汗，并不断擦拭。小 F 自述感到浑身乏力、胸口闷痛、呼吸不畅等症状，已服用抗抑郁药物，目前情绪稳定。

二、分析与应对

分析：1. 之前港澳台活动辅导员与该生接触较多，该生更容易和辅导员倾诉自己内心的苦恼。2. 自己有意识地控制自己的情绪，能够通过画画来调节情绪使自己安静下来，并且该生有清晰的职业生涯规划，目标明确，不易发生结束自己生命的行为，自己也说不会有想死或者自残的想法。3. 与家人关系亲密，母亲知道他的病情，并且能够起到安抚的作用。4. 已去医院就诊，开了一些抗抑郁的药物，正在服用，效果明显。5. 舍友也有港澳台同学，有一定的共同语言，也可帮忙监督，防止突发状况发生。6. 有个叔叔在北京，定期会去叔叔家，有家人的陪伴，能够起到安慰作用。7. 班主任能够在专业上进行指导。

针对小 F 的具体情况，我采取了以下策略：

1. 建立信任关系

与小 F 建立信任关系是至关重要的。这可以通过定期的谈话、倾听和关心来实现，让他感到被理解和支持。

2. 心理咨询与治疗

建议小 F 寻找专门处理青少年心理问题的心理咨询师，为小 F 提供专业的心理咨询和治疗。这包括认知行为疗法、心理动力学疗法、人本主义疗法等。

3. 制订应对策略

针对小 F 的具体问题，制订应对策略。例如，如果他对学习感到焦虑，可以与他一起探讨应对方法，如制订合理的学习计划、使用放松技巧或寻求学习资源等。

4. 生活技能培训

为他提供一些培训，如时间管理、压力管理、社交技巧等。

5. 家庭支持

鼓励小 F 的家庭成员参与和支持，他们的理解和支持对小 F 的恢复至关重要。协助联系，提供家庭咨询或亲子沟通培训，帮助家庭成员更好地理解和支持小 F。

6. 关注身体健康

除了心理健康外，身体健康也很重要。鼓励小 F 保持健康的饮食习惯、定期运动和养成良好的睡眠习惯。

7. 社会活动参与

鼓励小 F 参与一些社会活动或兴趣小组，这有助于他扩大社交圈、培养兴趣爱好和提升自信心。

8. 持续监测与跟进

定期评估小 F 的状态，对他进行持续的监测和跟进。如果发现有任何问题或需要调整策略时，及时进行调整。

三、总结与反思

港澳台地区与内地存在文化差异和教育制度差异，导致部分港澳台大学生在适应内地生活和学习方面出现困难。生活环境变化和学习压力的增加也可能引发焦虑、抑郁等心理问题。

辅导员在帮助这些学生克服适应困境和心理问题方面具有重要作用。具体来说，辅导员应该深入了解每位港澳台大学生的家庭背景、成长环境和教育经历，以便更好地了解他们在内地适应过程中可能遇到的困难。与学生建立真诚、友善的关系，让他们感受到辅导员是他们可以信任和依赖的人。

此外，辅导员还应该提供文化与教育支持，组织文化适应辅导，讲解内地的文化、习俗和价值观等，帮助他们更快地融入内地生活。针对学习上的困惑和挑战，提供个性化的学习策略指导。定期进行心理健康评估，对有焦虑、抑郁等心理问题的学生，提供心理辅导，并引导他们及时寻求专业心理咨询。

鼓励并组织内地学生与港澳台地区学生之间进行交流活动，促进彼此的理解和友谊，创造和谐的校园环境；对于生活中遇到的问题，如住宿、饮食、交通等，给予适当的建议和帮助；与港澳台地区大学生的家长保持联系，及时沟通学生的适应情况，共同关心和支持学生的发展；提供就业信息和实习机会，帮助他们更好地规划未来职业发展，增强其在内地发展的信心。

在未来的工作中，我们将继续努力完善这些方面的工作机制和服务内容。我们也希望有更多的社会力量能够关注和支持港澳台大学生的成长和发展，为他们提供更多的资源和支持，帮助他们更好地融入内地大学生活，实现自己的梦想。

供稿人：杨煦

抑郁症学生的挑战与应对

一、案例概述

小张同学自高中起被诊断为中度抑郁，自今年入学以来课堂表现一直处于中上水平，在同学眼中踏实优秀，平时也很让老师们放心。大一上学期的期中考试中，他的成绩也名列前茅，但他在期中考试后却突然主动找我（辅导员）寻求帮助，表示自己其实状态非常差，常常焦虑。在与小张深入交流后，我了解到他一直默默承受着抑郁和焦虑带来的睡眠、食欲、情绪上的一系列困扰，但因为担心给周围人带来麻烦，他一直未向大学里的老师、朋友提起过自己的病症。这段时间，他经常失眠，有时候会胡思乱想，而且在高楼层时会有轻生想法，但知道自己不会有所行动，同时学习时精力无法集中，他才有了想在学校找心理老师咨询的想法，才来向辅导员老师寻求帮助。

二、分析与应对

分析：

在与小张的交流中，我发现他思维敏捷，健谈且富有逻辑性，如果不是他自我袒露，我不会觉得他有任何心理健康问题，充其量会认为其有一些内向。通过其表述能发现他的内心极度不自信，任何事物都会看到别人好的一面，习惯拿自身的短板和别人的长处去比较，让他对自我更加否定。但好的一方面是，该生能正视自己的病情，知道自身焦虑等情绪或者一些负面想法是由病情所致，只是有时候自己无法控制，才寻求帮助。

应对：

1. 建立家校联动，了解学生经历。对于小张同学这样的新生且入学前便患有心理方面疾病的，往往是由于过去的经历产生的影响。因此，我随即联系其母亲，了解到一方面家庭中父亲较为严厉，对其要求较高，因此学生一般找母亲倾诉，母亲对该生非常鼓励与支持，也是该生能正视病情并积极治疗的关键，母亲已经带其就医，并持续接受治疗。另一方面，该生在中学时因身材瘦小常常受到欺负，久而久之也就变成了内向、怕麻烦别人的性格，但凭借自身努力，成绩仍旧非常优秀。之后，我与其母亲经常保持联系，关注该生校内校外心理健康状况。同时，帮助其安排专业的心理咨询师对他进行评估和治疗，同时也可以为他提供一些个性化的支持和辅导。

2. 提供情感支持，保持联系鼓励。帮助该生联系心理咨询老师后，其情绪状况保持稳定，在临近期末时，我增多对其的关注和引导，注重对其鼓励，帮助其积极配合医生的治疗并保持咨询，同时了解其治疗进展复查情况，不仅可以让其感受到老师的关心，还可以帮其发现其他潜在的问题。

三、反思与启示

反思：

1. 作为新生辅导员，应该在日常工作中更加关注学生的心理健康状况，及时发现并给予其必要的帮助和支持。面对可能有学生不愿意主动向老师分享的情况，应当通过小范围辅导、课堂情况以及班委反映等方式努力发掘，尽快帮助支持这类同学。

2. 我应该加强对新生的心理健康教育和管理，通过开展心理健康教育课程、讲座或团体辅导等活动，帮助新生尽快适应校园生活和学习节奏，同时让学生了解心理健康的重要性，增强他们的心理素质和应对能力以及自我认知和自我保护能力。

3. 我应该加强与学生家庭的联系并取得他们的支持。类似小张同学的情况一般与他们的家庭环境有关，我们应该与他的家人进行沟通，互相交流了解学生的近况和需要，提供一些必要的指导和支持。同时，如果学生的情况需要持续沟通，我们也可以通过家访、电话等方式与家长保持联系，及时了解学生真实全面的情况，为学生的成长和发展提供更好的帮助和支持。

启示：

这个案例给我带来了以下启示。

首先，我深刻认识到辅导员工作的重要性和复杂性。在面对主动寻求帮助的同学时，能够为他们提供必要的帮助和支持。同时，我们也要时刻关注学生的需求和问题，就算是表现优异的同学也可能会有困惑，我需要将问题想在学生前面，提前为同学们排忧解难。

其次，我深刻认识到学生心理健康教育和人际交往能力培养的重要性。在今后的工作中，我将更加注重这方面的工作，通过开展小范围团体活动和心理健康宣传教育工作，让同学们更多地参与到集体活动中来，了解到心理健康的重要性，能够正视压力和焦虑等问题，并且在活动中顺利解决，从而为学生提供更多的获得感和幸福感，为学生提供更多的帮助和支持，减少同学负面情绪的出现。

供稿人：郭旗

共同成长的旅程

——助力学生心理与学业双丰收

一、案例概述

在我作为辅导员的职业生涯中，我遇到了很多不同背景和处境的学生，但有一位学生的故事特别触动我。这不仅是因为他所面临的挑战，还因为他所展现出的坚韧不拔和适应能力。这个故事始于一个春季，当时，这位学生正处在大学生活一个充满挑战的阶段。

这位学生面临着巨大的学业压力和个人的心理挑战。尽管如此，他并没有选择逃避。我注意到，虽然他在学业上感到吃力，但他却以一种非常积极和健康的方式来应对。他维持着良好的饮食习惯和睡眠质量，生活作息规律，这些都对他的整体健康有着积极的影响。在社交方面，他努力保持正常的人际交往，这在很大程度上帮助他保持了心理的平衡和稳定。

然而，在他的大学生活中，并不是所有的时刻都是顺风顺水的。他曾经短暂地有过自杀的念头，这立刻引起了我们的警觉。我们及时介入，并提供了心理支持和专业的咨询服务。通过我们的努力和他自己的意志力，他很快就摆脱了这种消极的想法，并在之后的生活中保持了积极和健康的心态。在这个过程中，我发现这位学生对校园内的抽烟现象特别敏感，他曾经有过因此产生强烈负面冲动的时刻。但在我的引导和支持下，他学会了通过更健康的方式来应对这种冲动。例如，他开始参加体育活动，如跑步和游泳，这不仅帮助他发泄了情绪，也增强了他的体力和耐力。

随着时间的推移，从这年春季到次年秋季，我见证了这位学生的巨大变化。他的学业状况逐渐改善，成绩开始提高，更重要的是，他在心理层面上取得了显著的进步，他变得更加自信，更能够管理自己的情绪和压力，也开始积极参与校园活动，与其他学生建立了积极的关系。

二、分析与应对

我针对学生的实际需求，采取了一系列的策略以全面支持他。首先，沟通是解决问题的第一步。其次，为了确保学生能够感受到关心与支持，我设定了一个固定的沟通机制。每周，我都会找时间与学生面对面交谈，深入了解他的所思所想以及学业的进展情况。这样不仅可以及时发现问题，还能增进我们之间的信任关系。最后，除了日常沟通，我还特别注意到学生的心理健康问题。为了帮助他更好地应对心理压力，我鼓励学生前往学校的心理中心进行咨询。同时，我也与心理老师保持了密切的联系，确保双方都能及时了解学生的最新状况，为他提供最佳的心理支持。

在学业方面，考研对学生来说是一个重大的挑战。为了帮助他更好地应对这一关键时刻，我结合学生的实际情况，为他制订了一套具体的学业规划，并分享了一些有效的时间管理技巧。这些建议不仅帮助学生提高了学习效率，还大大减轻了他面临的学习压力。

此外，我也注意到学生对抽烟现象有着特殊的敏感性。为了帮助他更好地管理自己的情绪，我特意教授了他一些情绪管理的技巧。例如，当学生感到焦虑或压抑时，我建议他尝试一些积极的发泄方式，如脚掌踢石墩子等，将内心的负面情绪释放出来。同时，我还鼓励他学习如何将潜在的伤害性想法转化为积极、有益的行动，从而使他更加自信、从容地面对生活中的各种挑战。

三、反思与启示

这个案例给我带来的启示是多方面的。首先，我深刻认识到倾听的重要性。作为辅导员，我们不仅要关注学生的学业成绩，更要关心他们的心理健康。学生需要的有时是一个愿意倾听的人。通过耐心倾听，我们可以更好地了解学生的困扰和需求，为他们提供有针对性的支持和帮助。

其次，我了解到及时的干预是必要的。当学生遇到挑战或困难时，及时的干预可以帮助他们保持稳定，减少可能产生的负面影响。这需要我们保持敏感和警觉，及时发现并解决问题。通过及时地干预，我们可以帮助学生更好地应对挑战，增强他们的自信心和适应能力。

最后，我意识到学生的发展不仅需要心理上的支持，还需要在学业、个人兴趣等多方面进行引导。为了促进学生的全面成长，我们需要提供综合性的支持系统，这包括帮助学生制订学习计划、提供学术指导、培养兴趣爱好等。通过全面的支持，我们可以帮助学生更好地发掘自己的潜力，实现个人的全面发展。

供稿人：赵伯言

跨专业读研：努力与自律缺一不可

一、案例概述

小 J 为延毕学生，已经是最长学制的最后一年，如果再不能毕业则面临退学。在提交论文的前一个月，小 J 找到辅导员，表示自己受到舍友小 Y（抑郁症自伤）的影响，不想毕业，这两个月想看看业界的培训等。

据了解，小 J 为跨专业考研学生，研究生和本科期间专业差别比较大，读研期间对新专业感到吃力，加上看到周围的同学都很优秀，自己心里很不是滋味，自己也想要做到但没有合适的方法，于是更加封闭自己。疫情防控期间，小 J 情绪十分消沉，整日躺在床上，辅导员老师每天去宿舍看望小 J，与小 J 聊天，同时陪同小 J 做核酸等。

小 J 同学自述自己曾经一度沉迷于游戏，但打完游戏后带来的更多是负面反馈，比如，坐一天身体很不舒服，对浪费时间的懊恼，以及游戏过程中，可能有愤怒等情况；后来他开始了跑步，从最开始只能跑两圈到后来能够跑 5 千米，在跑步的过程中，他能够让自己慢慢思考，冷静下来，得到正面反馈，生活作息也逐渐规律。

对于专业论文这件事，他认为自己尽力了，在读研将近四年的最后关头，他想放弃。经过我们与导师的沟通，小 J 改变了原先的计划，打算突击论文，给自己这四年一个圆满交代。在此后的一个月内，小 J 反复摇摆，时而要冲刺论文，时而说自己放弃。最后，小 J 选择放弃。

二、分析与应对

（一）全程陪伴与鼓励

在小 J 向我们表示了自己的想法后，我们全程陪伴并鼓励小 J。首先是在论文写作阶段，小 J 往往是坚持一天就想放弃，说自己写不下去了，但实际情况是小 J 想的比做的多，因此我们不断鼓励小 J 试着去做一些事，将自己的想法暂时放一放，而不是一直不停地思考。其次，在小 J 有疑惑时，我们也及时进行劝导、解答，并且与导师、家长沟通，一直到小 J 离开学校，我们都始终陪伴着小 J。

（二）与家长深度交流

小 J 家庭环境特殊，是单亲家庭，家里人都在农村，家庭成员的文化水平都不高。他不愿意与家中亲人沟通自己的事情，特别是一些负面的消息。我们与其家长沟通后发现，二人之间存在着很大的信息差，对彼此的想法不理解。因此我们会以适当的方式将小 J 的想法告知家长，以便于给予小 J 更多的支持。同时将家长的想法以年轻人的话语形态传递给小 J，让小 J 易于理解接受。同时，家长与导师之间也建立联系，了解小 J 最不愿诉说的学业状态，取得良好成效。在最后小 J 无法顺利毕业时，家长虽然认为十分可惜，但也很快接受和认可。

三、反思与启示

（一）本、研专业跨度大带来的问题显现

对小 J 而言，本科和研究生之间的专业跨度大带来的问题十分凸显，包括专业知识不足导致的研究生阶段缺乏足够的专业知识支撑、科研基础薄弱，跨专业考研需要学生学习新的学科知识和技能，这会增加读研期间的学习难度和压力。因此，学生更需要具备较高的学习能力和自我管理能力，以应对研究生阶段的挑战。在就业方面，小 J 也面临着就业方向的问题，就业方向是倾向于本科生专业还是研究生专业，如果是本科阶段的专业，但小 J 没有研究生毕业证；如果是研究生阶段的专业，小 J 能力欠缺。整体而言，在就业市场上缺乏竞争力。

在谈话过程中，我们建议小 J 同学考虑清楚，现在继续完成毕业论文也有顺利毕业的可能，可以多请教师长；在就业上，充分考虑自己的兴趣和职业规划，选择适合自己的方向。

（二）原生家庭对学生影响大

小 J 在很小的时候就已经是单亲家庭，且为农村家庭，家庭成员的文化水平、教育理念无法为学生提供足够的支持和关注。在小 J 有学业、感情的困惑时，小 J 不会去寻求原生家庭的帮助，小 J 认为家里不了解他的环境、专业，说了只会增加他们的担心而已。对于出自这样环境的小 J 而言，他能考上研究生是一件值得骄傲的事情，也是值得家里人骄傲的事情，但不能顺利毕业这件事让小 J 觉得自己不能满足家里人的期待，另外在经济上，自己这几年的支出基本上要靠家里人承担，这样的结果让小 J 感到压力和焦虑，更无法和家里人坦白这件事情。

对于这样的情况，我们在与学生充分沟通后，也及时与其家长联系，将学生平时不敢、不会表达的话向家长传递，搭建起家长与学生之间沟通的桥梁。

供稿人：陈奇妍

联手导师共同努力，帮助研究生走出困境

一、案例概述

四月份的一个下午，已到下班时间，研一学生小郑的导师跟辅导员反映了一个情况：从这学期开学以来，学生就没有来过实验室，不参加组会，微信不回，打电话也不接，导师很生气，发微信做了最后通牒，提出要是再这样就别跟着自己学了。鉴于对该生的了解，辅导员隐约感到这里面一定有原因，因此答应导师马上联系学生，了解目前的状况原因。小郑是北京学生，因为家里有条件，自己也有车，从研一开始就办理了走读，不在学校住宿。接到辅导员的电话后，学生说这就来学校找辅导员。刚开始交谈，辅导员只问了一句"你是不是发生了什么事情？"小郑就忍不住红了眼圈，眼泪一串串掉了下来。去年底，跟一直追求了7年终于在一起的女朋友彻底分手了，内心非常痛苦，但其父亲并不理解，反而冷嘲热讽，致使父子之间多年的矛盾一下子爆发，他与其父发生了激烈的争吵，险些动手，以至于愤然离家，只想着自己无论如何先挣钱，实现经济上的独立，不再从家里拿一分钱。也无心学习和做科研，因此期末的考试都未参加，不接电话、不来实验室，只在已经毕业的朋友那里帮着照看健身馆挣钱。

二、分析与应对

家庭矛盾对于学生来说是一个深藏的隐患，尤其是个人遇到困难后不能从家人那里得到支持和温暖的时候，就很容易让学生的挫败感达到顶峰，以至于会在较长一段时间里影响到个人的整个生活。

1. 问题评估

学生因为感情受挫，陷入低谷，原生家庭又缺乏理解和支持，导致其生活被打乱，也不能理性处理学习与生活的正确关系。

（1）多年感情的失去，使小郑的自尊心受到打击，进而产生内在迷失。

（2）原生家庭的亲子关系中缺乏爱的滋养，家庭矛盾一直没有化解，对其父的失望和反感成为无法跨越的鸿沟，从而产生离家出走的想法。

2. 解决方法

对学生辅导时要先共情，安慰、理解其痛苦，并看到其不沉沦、不被绝望打倒的坚强一面，再帮助其分析当下，由学生自己看到该如何正确选择。

（1）共情。理解学生失恋的痛苦与其父的对峙对其造成的伤痛，对当前状态的低迷产生理解和包容，不做任何批评指责。

（2）耐心倾听学生倾诉内心的伤心和烦恼，待其情绪平复下来后与学生探讨如果实现经济上的独立，是否现在去打工是最好的选择的问题。休学只有因为身体健康原因和创业才能批准，其他原因都不能办理。不能休学的话，但目前的状态导师是不能同意的，那么换一个导师是需要自己去寻找的，即便现在的导师同意，新导师能否同意自己目前不做实验。

（3）经过提醒，小郑省悟到当下的学业是必须做好的，但是担心导师是否会给机会，不知道该怎么去说。此时学生已经开始了反思，也重新认识了当前的情况，最需要的就是鼓励和适当的指导。辅导员建议小郑诚恳地跟导师说明情况，个人的隐私不用全部说出，但是将之前遇到了家庭的困难，自己受到了影响，后面打算怎么办告诉导师即可。

（4）小郑内心还是较为坚强的，经过安慰劝导后已经明白该如何做，只是不好意思给导师发信息，希望辅导员来跟导师联系给他一个跟导师沟通的机会，什么时间都行。理解其心情，辅导员帮助他联系了导师，让他第二天上午来找老师。

3. 持续跟进

小郑第二天跟导师谈话后，辅导员询问情况如何，回复跟导师沟通得非常好，下周就回实验室。辅导员肯定了他的努力，并且给予了他积极的鼓励。三周后，辅导员主动联系导师了解小郑的情况，获知了比较理想的结果：小郑已恢复正常的科研学习，导师也对此比较满意。

三、反思与启示

1. 在共情学生因家庭矛盾产生的情绪困扰的时候，不对其父进行直接地批评，只是感同身受他所经历的艰难情境，理解他的所有痛苦。

2. 对学生的帮助可能有时只是一次深入内心的谈话，但需要始终关注，就像梅赐旗先生所言，教育学生"有时说服，经常引领，总在共情"。

3. 辅导员与导师共同帮助学生，相互配合是解决学生问题的有效方式，辅导员绝不能只关心事务工作和学生的情绪状况，对于学业上出现的任何问题都应该积极帮助学生学会正确的认识问题，鼓励学生对事物抱有积极的态度，导师与辅导员的工作相辅相成。

供稿人：解丹坤

心理关怀与学业支持

一、案例概述

在我担任辅导员的职业生涯中，我见证了很多学生在心理和学业上挣扎的情况。我记得有一位学生，他在大学二年级时开始遭受心理健康问题的困扰。由于这些问题，学生开始寻求医疗帮助，并在接下来的一年里通过药物治疗保持相对稳定的状态。但是随着时间的推移，他发现自己无法持续在学业和情绪上保持这种稳定性，这最终导致他做出了延迟毕业的决定，并且他还考虑了休学，以便更好地恢复自己的心理健康。

这位学生最早在 4 月开始因心理问题寻求医疗帮助，并且在那一年的 5 月开始药物治疗。虽然他在治疗过程中取得了显著的进步，但是在适应学校的某些政策，特别是严格的防疫政策时，他感到额外的心理压力。我通过反复的对话和支持，帮助他理解并遵守学校的相关规定，同时也尽力减轻这些政策给他带来的额外压力。

此外，虽然他持续与学校的心理咨询中心保持沟通，并且没有出现自杀倾向，但我注意到，这位学生在家中远程学习的环境中出现了一些问题，比如，频繁感到疲倦、困倦，以及表现出一些分心和疏忽的行为，例如，忘记完成在线签到等课程要求。面对他日益增长的学业压力和心理健康问题，以及他表达出的休学意愿，我认为他需要一个从学业压力中短暂解脱的机会。

在与学生详细讨论他的情况和需求之后，我与教务部门进行了沟通，详细说明了他的状况。我提出了一系列建议，包括休学期间的心理支持和学业规划，以确保他能够在适当的时候重返学校。我还协助他了解了休学过程中可能需要的行政程序和后续步骤，确保在他选择暂时离开学校期间，他的学业记录和未来的学业进程不会受到负面影响。最终，为了他的心理健康和学业成功，我们一起制订了一个详细的休学计划，并为他在下一个学期开始休学做好了准备。

二、分析与应对

在处理这位学生的情况时，我深刻地认识到，学业成就和心理健康是相辅相成的，两方面都至关重要。以下是我采取的一系列具体措施来维护学生的整体利益。

持续沟通：我安排了定期的会面和跟踪进度的电话会议，以确保与学生保持开放的沟通渠道。通过这些会谈，我不仅关注他的学业表现，还关注他的情绪波动和生活习惯。

家庭协作：我定期与学生的家庭成员进行沟通，更新学生的情况，并讨论如何在家中为他提供一个更有利于学习和心理健康的环境。

教务协调：我与教务部门建立了良好的工作关系，以确保在处理学籍注册、课程安排时能够考虑到学生的特殊情况。我还为学生提供了学术规划的指导，帮助他更有效地管理课程负担，避免过度压力，同时确保学生的学业进度不会受到影响。

心理干预：我持续鼓励学生保持与学校心理中心的定期联系，参加咨询，以便监控他的心理健康状态，并及时调整治疗计划。我也确保学生了解服药的重要性，并鼓励他遵守医生的指导，同时也密切关注药物可能产生的副作用，并在必要时与医疗服务提供者沟通调整。

三、反思与启示

通过这个案例，我学到了许多宝贵的经验，这些经验不仅对我的职业发展有着深远的影响，也让我深刻理解了辅导员在引导学生成长中的重要角色。

首先，我认识到了每位学生都是独一无二的个体，他们有着各自的需求和挑战。对于他们的关怀和支持，不能一刀切或一概而论。我们需要通过深入的交流和观察，了解每个学生的具体情况，为他们制订个性化的关怀和支持计划。只有这样，我们才能有效地帮助他们克服困难、实现潜能。

其次，我意识到了预防胜于治疗的道理。在学生的困境还未恶化之前，我们需要敏锐地察觉并采取行动，早期介入可以避免问题进一步恶化，减少学生的心理困扰和学业压力。这就需要我们在日常工作中保持敏锐和警觉，及时发现并解决学生的问题。

最后，我认识到了多部门合作在解决学生问题中的重要性。学生的心理健康和学业问题往往相互交织，需要辅导员、教务人员、心理咨询师和家长等多

方共同努力。只有通过良好的沟通和合作，我们才能更好地为学生提供全面的
支持和帮助。

供稿人：赵伯言

学生心理危机事件的干预

一、案例概述

学生小晋因为学业和女友交往的问题压力过大，被诊断为中度抑郁、重度焦虑，自述有过轻生的想法。在得知此情况后，辅导员立刻将小晋同学叫到办公室进行面对面约谈。从谈话内容来看，小晋同学在学业方面的问题主要是因为他目前正在准备出国留学，但是自身英语能力比较薄弱，所以非常焦虑，强迫自己不停地学习，甚至出现幻觉，不能入眠，而在家中父亲不停地督促他学习，看到他在看手机就认为他正在玩游戏，这让他有了很大的压力。在人际交往方面，小晋和女朋友经常会发生争吵，主要是针对未来发展上双方产生了分歧，他认为女朋友无法理解他学习上的压力，总是认为他不需要这么努力地去学习，而女朋友也经常会因为陪伴时间不足而生气，然后发生争吵，争吵频率最高达到每天一次。

二、分析与应对

该案例涉及的是学生心理危机事件。小晋同学平时表现活泼，人际关系良好，无心理危机迹象。但在遭遇生活冲击时，他采取了极端方式，显示出严重的心理焦虑。这类事件通常突发且难以察觉，辅导员在得知情况后迅速行动，全面了解情况并制订应对策略。

小晋的问题主要来源于两方面：

1. 学业压力

他对自己的要求极高，为留学做了大量准备，但雅思成绩不理想给他带来巨大压力。休息时感到愧疚，影响休息质量，甚至出现幻觉。

2. 人际关系

与父亲的关系紧张，父亲的严格要求加剧了他的焦虑。与女友的关系也因升学压力而出现裂痕。

应对策略如下：

1. 舒缓情绪与引导观念

（1）情绪疏导：通过温和的对话，创造一个安全的环境，让小晋可以自由地表达他的担忧、困惑和压力。尊重他的感受，避免批评或指责。

（2）认知重构：帮助小晋重新审视他对学业和未来的期望，引导他形成更加现实和健康的思维模式。例如，强调努力的过程而非结果，以及身心健康的重要性。

2. 恋爱观的重塑

（1）沟通培训：为小晋提供沟通技巧的培训，教会他如何更有效地与女友交流，表达自己的真实感受和需求。

（2）时间管理：建议小晋制订一个合理的时间表，将学业和陪伴女友的时间进行平衡分配，确保两者都不会受到忽视。

（3）情感支持：鼓励小晋的女友参与辅导过程，帮助她理解小晋的处境，并提供情感支持，共同应对当前的困境。

3. 专业指导与资源链接

（1）心理辅导：引导小晋寻求学校心理中心的专业辅导，接受定期的心理咨询，帮助他更深入地处理焦虑和抑郁情绪。

（2）学习策略：协助小晋制订个性化的学习计划，推荐有效的学习方法和资源，例如，学习小组、在线课程或专业书籍。

（3）留学咨询：联系专业的留学机构或顾问，为小晋提供关于留学准备、申请流程和择校等方面的指导。

4. 持续关注与反馈

（1）定期沟通：与小晋保持定期的沟通，了解他的情绪状态、学习进展和当前遇到的困难。

（2）动态调整：根据小晋的反馈，不断调整辅导策略和方法，确保它们始终与他的需求相匹配。

（3）预防复发：通过持续地支持和关注，预防小晋的情绪问题再次出现或恶化。提醒他及时寻求帮助，确保他的心理状况始终处于健康状态。

三、反思与启示

当前，大学生恋爱在高校已经成为普遍现象，但由于不成熟的心理和欠缺生活经验等原因，大学生在恋爱中总是会出现各种矛盾，如不能妥善处理就会引发心理障碍。可以依托各类课外活动，促进男女大学生的正常交往，避免个别学生轻易地陷入感情的漩涡不能自拔。在集体活动中，培养学生的集体意识和交往能力，引导大学生掌握与异性交往的正确原则和方法，培养学生正确处理学业与恋爱关系的能力，争取让学生之间的男女情爱融入异性学生的日常交往中。让学生明确恋爱在大学生活中的位置，坚持学业第一的观点，明白未来美好蓝图的基础在于今天努力学习。

针对学生学业问题，要立足学生的发展特点与个人需求打造"一生一策"。身处毕业年级的学生容易对未来发展产生焦虑情绪，辅导员需要及时关注学生心理状况，了解其真实需求，并为他联系相关的资源，从而协助他逐渐减少焦虑，实现自己的目标。

供稿人：张晓茜

心灵启航：西藏学生心理成长之旅

一、案例概括

小扎为藏族同学，但是一直生活在北京，该生初中时，与父母吵架后曾想过跳楼，但最终没有实施。从初中开始无故心悸、手脚发凉、出汗、焦虑、易应激；例如，噪声、学科难点、身边人的情绪不好都会成为他的应激源。学习效率低，遇到困难会焦虑，入睡困难，多梦早醒，宿舍人际关系还行，但无交心的朋友。多次面谈，明显感觉到该生对考试的焦虑和紧张感，有搓手、摇晃身体等表现，自己也多次提及挂科，表示很担忧，并表示舍友睡得较晚，有时候会打游戏、看书等，因为自己睡觉不能有光和声音，所以对他的影响较大。睡眠不好更导致他心情低落，学习状态不佳。现阶段沟通后该生已去医院就医，医生给开了药，持续服用中。

二、分析与应对

（一）综合分析现有资源

1. 自身积极配合治疗，能够有意识地控制自己，自己也意识到充足的睡眠有利于缓解焦虑，并且自己也表示跟家人商量下学期要搬出去住，已经找好了合租伙伴。现阶段能够通过自我调节和药物控制自己。重点是该生自入学以来，从无自杀、自伤的想法，对待生活还是乐观积极、充满希望的。

2. 从辅导员的角度，在多次访谈后，关系比较亲密，该生有什么事情也愿意主动跟辅导员分享交流，这在一定程度上也缓解了学生的焦虑紧张感。

3. 班主任角度，小扎焦虑的来源主要是学业，班主任在日常工作中对该生相对比较关注，会经常性地线上、线下交流，帮助小扎找到适合他的学习方法，也会有针对性地做一些指导。

4. 家长的角度，小扎的家长对小扎的情况还是很了解的，能够给予他一定的支持，时常问候关心也能起到一定的帮助作用。

5. 学校心理中心定期能够进行心理咨询。

6. 有专门的医院对症开药。

7. 与舍友关系好，可沟通。

（二）确定方法和解决措施

1. 辅导员持续跟进，采取每周至少询问一次，每月至少面谈一次的措施，实时监控该生的心理状况，如发现突发状况，及时处理，并私下与其舍友沟通，建议大家养成早睡早起的好习惯。

2. 班主任方面多加帮助，能够定时面谈，解决该生关于学业方面的问题，保证他能够一直保持正确的学习方法和学习状态，班主任在专业方面给予该生更多肯定，使其有足够的信心面对学业上出现的问题。

3. 建议该生坚持做心理辅导。

4. 建议该生及时去医院复诊。

5. 与家长保持联系，有问题及时通知，共同努力，为小扎大学四年保驾护航。

6. 为保证其睡眠质量，建议走读。

通过为期两个月的辅导，虽然还是能感觉到小扎处于焦虑紧张的状态，但已逐渐好转。班主任在一个月中起到了很大的作用，在小扎的学业方面提供了很多指导性意见，后期还会持续辅导。舍友很配合，同意早点上床休息，但是小扎的睡眠状态一直不太好，在下学期会与其家长商议是否办理走读手续。现在在考试周，小扎的情况相对稳定。后期还会继续跟进，调整辅导策略。

三、总结与反思

当前，大学生面临着学业压力、就业压力、人际关系压力等多方面的挑战，容易出现焦虑、抑郁等心理问题。同时，由于大学生正处于心理发展的关键时期，他们的心理特点和需求也呈现出多样性。因此，开展大学生心理辅导工作显得尤为重要。对于心理有问题的学生我们应该及时开展以下辅导活动。

1. 开展个体咨询：针对学生的个体问题，提供一对一的心理咨询服务，帮助学生解决心理困惑，增强其心理素质。

2. 开展团体辅导：与心理中心的专业教师积极联动，通过组织心理健康讲座、心理训练营等活动，为学生提供团体辅导服务，帮助学生在集体中获得成长和支持。

3. 危机干预：对于处于心理危机状态的学生，及时介入并提供危机干预服务，帮助学生渡过难关。

我们需要进一步完善心理辅导机制和服务质量；加强心理辅导师队伍的建设和培训；增强学生的心理健康意识和自助能力。在未来的工作中，我们将继续努力完善这些方面的工作机制和服务内容。同时，我们也希望更多的社会力量能够关注和支持大学生的心理健康工作，为他们提供更多的资源和支持帮助他们更好地成长和发展。

供稿人：杨煦

心手相牵，共创美好未来

一、案例概括

小林为北京生源，在高二时，在学习压力过大、人际环境变化、成绩下降等多重压力下，曾有过想跳楼的想法，也去尝试着推开窗户，当时正好有人经过问她在做什么，然后就没有那么想自杀了。该生不敢开口与他人交流，容易被遗忘，与父亲关系不好，自述交流只有争吵，父亲只会说她。有想自杀的想法，且在以往生活中经常会出现这种情况。每天基本会更新朋友圈内容，多为对某些事情的愤怒抒发，有时会有损坏东西泄愤的想法，但并未实施，整体状况在可控制范围内，通过开解能够平复心情，虽然提及自杀话题，但是自述怕疼，不会实施。

在近期的访谈中，学生自述学习上还是很忙碌，上周没事徒步去了地铁站，打探一下回家的路线，路过河边，想到如果自己跳下去路过的车辆会不会停车去救她。辅导员对此进行耐心解答，告诉该生要珍惜自己生命，她并不是可有可无的，大家都很重视她的存在，就像辅导员每天都会关心她过得如何、心情如何一样，并表示如果她冲动后发生危险，她的父母会很难过的。该生反驳感觉父母不爱她，尤其是爸爸只会很严厉地训斥她，比如，她在朋友圈里曾经发表过不喜欢某老师的言论，她的爸爸当即指责她不能发这种话，很严厉地训斥了她，她觉得自己很委屈，她的妈妈都是先表示理解然后再指出错误，而父亲只会指责她然后谈及她高中分班，她跟主任表示过不喜欢这个语文老师，不想分到她的班级，主任也表示会考虑，但是最终也没尊重她的意见，她还是分到了这个语文老师的班级，她觉得没有人尊重她的意见，没有人在乎她的想法。

谈及学业上的压力，辅导员推荐她去咨询更加专业的班主任老师，但她表示与班主任不熟，见到就烦，感觉没有必要联系，并说昨天班主任给她发微信，她现在都没有回复，表示不想跟陌生人说话。引导她接纳班主任的关心，表示班主任在学科上很专业，要相信班主任，尝试和班主任交流，以自己为例，跟她说辅导员跟她也是从陌生变得熟悉，大家都希望能跟她成为朋友，都想帮助她不断进步。访谈最后她表示她一直觉得自己可能有问题，但是通过心理访谈她确定了自己确实存在问题，辅导员建议她可以与家长反映一下，寻求更专业的帮助，并在访谈结束后与其母亲进行了联系，反映了小林近期心理上的一些状态，表示希望家长能与学校共同努力，让小林能够平安、快乐、健康地度过大学四年的时光。总结多次的沟通，发现她的主要问题是希望得到更多关注，希望得到大家的认可。

二、分析与应对

解决方案：

1. 辅导员从日常生活中多关注小林，做到一周询问一次，一月面谈两次，并在朋友圈多与该生互动，增加亲密感。让她感觉自己不是一个人。观察发现小林喜欢毛绒公仔，可以在平时送其小玩具，帮助抚慰其心灵。

2. 母亲从家人的角度给予小林肯定，并从中调节她与父亲的关系。

3. 舍友、班干部从班级集体生活的方面，对小林多加关注。

4. 发现小林的闪光点，鼓励她发展自己的爱好，一方面让她知道自己很优秀，另一方面帮助她转移注意力。

5. 班主任日常学业上关系督导。

6. 配合心理咨询。

现阶段该生状况好转，明显能够感受到燃起了对生活的希望，虽然有时还会有低落、抑郁情绪，但能够及时与辅导员沟通交流，能够及时调整状态。积极参加学校组织的摄影比赛，能够从比赛中体会到快乐，接下来会持续关注该生状况，并对方案做及时调整。

三、总结与反思

随着社会的进步和教育水平的提高，越来越多的大学生步入大学校园，开始独立生活。然而，在这个过程中，不少大学生会面临家庭矛盾的困扰。这些矛盾可能涉及亲子关系、家庭经济、教育期望等多个方面，对学生的心理健康和学业发展产生不良影响。因此，关注大学生家庭矛盾，及时采取措施进行干预和解决，对于促进大学生的全面发展具有重要意义。

供稿人：杨煦

学生心理危机事件的干预与处理

一、案例概述

学生 A 近期情绪不佳，因学生组织工作及与母亲、女友之间的关系感到压力很大，前一天站在自家十楼的窗台边想跳下去，打了一圈电话之后女友接通，把他劝了下来。辅导员立即约该生面谈，该生自述平时自己开心时总会特别开心，难过时又会特别难过，这种感觉自己无法控制，并怀疑自己是双相障碍，表示在小时候曾尝试过自杀。其母亲较为排斥去找心理医生，辅导员在安抚学生情绪的同时，告诉学生需要寻找专业心理老师的帮助，该生表示同意，辅导员随即与心理中心进行预约。

二、分析与应对

分析：该生因幼年以来的生长环境及原生家庭影响，长期以来形成了心理问题，需要及时就医治疗，据了解，该生现唯一陪伴人母亲拒绝学生就医，但该生具有较强的就医意识和想法，其母亲是该生进行进一步治疗的有效突破口。

应对：得知这两天该生有时仍然会出现情绪特别低落、浮现自杀想法的状况，但答应辅导员不会再去做伤害自己的事情后，辅导员立即预约了第二天的学校心理中心的加急评估。该生目前处于较不稳定的情况，请班长及舍友当晚及时关注该生动向，如果有异常及时和辅导员联系。同时与该生母亲及叔叔取得联系，并要到学生女朋友的手机号码。

次日在辅导员的陪同下，该生去心理中心做了加急评估，心理中心建议去医院就医，收到危机告知单后，与该生母亲取得联系，约定面谈时间。

在党委副书记、本科班主任的陪同下，辅导员与该生母亲在学校会议室进行面谈。通过与母亲的交流得知，该生在九岁时父母离婚、随后姥爷生病去世，打击较大，可能对其心理造成了一定伤害。母亲平时对他的学习要求比较严格，陪伴时间比较短。辅导员将可能存在的风险性告知其母亲，希望母亲多开导、多陪伴、多支持、多关心，不要把全部精力都只放在关注学习这件事情上，同时很希望母亲可以遵从心理中心给出的建议，及时带学生去医院就诊。通过劝说，该生母亲最终答应在两周内，如果没有好转就去及时就医，如果该生想去就医不会阻拦，会支持，并陪同前往。学部党委副书记提出如果有需要，老师可以陪同前往就医，学生母亲答应并表示感谢。

后来该学生在女朋友的陪同下前往北医六院就医，医院给出的诊断意见是抑郁状态，需要每天服药，也会有副作用。辅导员定期和学生沟通，并建议该生定期去心理中心做咨询。一段时间后，该生主动找辅导员自述觉得药物副作用出现，导致现在很容易言语中伤周围人（女朋友），自己前一天晚上写的日记让自己感到害怕。辅导员立即向该生进一步了解情况，得知是因为一种在服用的药物剂量不够，自行决定加大了另一种药物的药量。辅导员一边安抚该生情绪，一边劝诫该生尽快去医院复诊。同时辅导员与该生母亲进行电话联系，将情况告知母亲，并提醒该生母亲近期多关注该生，如果条件允许尽快陪同该生前往医院就医。当晚，辅导员始终与该生及母亲保持联系，母亲向辅导员叙述该生情况，状态稳定，直至确保该生当晚安全抵达宿舍。

后续辅导员通过该生的舍友及班干部等多种途径了解关心该生近况，状态逐步稳定，辅导员定期与该生进行面谈，后期该生已在医生指导下停止服药。

三、反思与启示

需要及时、定期地与学生进行沟通，做到了解每一位学生的基本动态，确保可以及时排查到学生异常行为，并给予帮助。了解到相关问题后要做出及时反馈，第一时间进行干预并处理，避免更坏的情况发生。发生心理危机事件，第一时间与心理中心进行联系并进行评估，有需要及时就医治疗。心理出现问题的学生大多数是因为受到原生家庭的影响，需要从原生家庭找问题的突破口。基本处理问题后要确保学生安全，同时与多方进行联系，保证出现异常情况第一时间可以得知消息，要持续跟进该生情况。

供稿人：周荔侠

做好抑郁学生家长的辅导，缓解原生家庭压力

一、案例概述

小夏，研究生新生，报到后因为疫情防控期间校园管理严格申请了走读，开学一个月后该生预约了学校心理中心的咨询，之后又前往友谊医院精神心理科门诊就医，经过诊断为轻度抑郁，医生开了抗焦虑和抗抑郁的药，在服药期时有药物反应，但能够按时上课，不影响平时学习。在了解到这一情况后，我对该生在学习、生活上始终保持关注，帮助她在身体不适时跟任课老师进行说明等。

12月初，我接到了学校心理中心的通知，小夏在家割腕了。我立刻电话联系学生，了解到参加考试时老师说的一些"不能学好就什么也干不了，就不可能毕业"等的话引起了其内在的绝望，用刀划伤了左臂，之后打电话向心理咨询热线老师求助。学校在联系我的同时，学部也立即联系了其父，在其父赶往学生住所的路上，我们电话进行了沟通，我提出了就医的建议，同时我了解到小夏父母已离异两年多，她与母亲住在同一个小区，但各自独居。平时往来更多的是母女之间，但是其母也曾患有抑郁症，也存在情绪上的困扰。

二、分析与应对

此时可以判断的是，小夏的内心并不是想结束生命，只是太难受了而不知该如何宣泄，于是就采取了伤害自己的方式，紧急干预处理后还需要更多的跟进。其家庭状况也存在很大问题，对于学生的恢复影响很大。综合所有情况，我制订了一系列处理此事的步骤：

1. 处理当下紧急状况，进行伤口缝合

我看了学生发来的割伤左手臂的照片，已经不再流血，但是伤口有些深，因此必须去医院处理。小夏说自己的闺蜜马上就到了，她们一起去医院看急诊。

到医院后也会随时跟我保持联系，告诉我治疗的过程和结果。

2. 建议改独居为亲人陪住，直至情绪有所恢复

为确保学生可以及时得到诊治，我建议其父跟其母近期不要让小夏单独居住，学生需要人陪护。最终小夏决定暂时去她的闺蜜家一起居住，也方便去医院复查和拆线。

3. 了解学生的家庭支持系统，确定下一步帮助方案

经过与其父亲的多次电话沟通，我发现小夏的家庭对其现在的情绪状态几乎无法提供支持。其母亲本人存在精神困扰，也在间断服药。其父与其母离婚后已经再婚，组成了新家庭，平时很少与其母联系，跟小夏也只有逢年过节才会见一面。父母与孩子的沟通很少，小夏本人也不愿意跟他们谈心里话。学校心理中心将小夏在咨询中的困惑与我进行了交流，小夏对父母的期望就是能够支持她选择自己想做的事，不要给她太大的压力。当时她想下学期办理休学，但是担心父母都反对，因此也不敢提，但是继续学习又感到很累，无法继续支撑。

经过考虑，我与学校心理中心的咨询师商议通过腾讯会议与其父母进行一次线上的沟通，将小夏不敢直接跟他们诉说的愿望告诉他们，也让他们能够真正知道孩子在想什么，该如何做得更好。希望通过此来改变他们跟孩子的交往方式，发挥家庭的支持作用。

4. 持续关注学生后续治疗和情绪变化情况

我跟其父进行了研究生学籍管理规定的说明，打消了其父对小夏休学就无法完成学业的担心，他表示同意由小夏自己选择是否休学，不再强求。

但是在寒假结束、即将开学的时候，其父又建议小夏坚持上学，使得小夏的情绪再次起伏，小夏请求我跟她父亲再做一次沟通。于是，我又一次跟其父进行了深度沟通，就孩子的发展提出了建议，希望他理解当孩子心理很脆弱、需要慢慢成长时，父母能做的就是陪伴和允许不优秀。有时给孩子停下来休整的时间，她才有可能在以后走得更远。经过这一次沟通，其父支持了小夏办理休学。

5. 再次复学后的关注

在这一学期的休学中，小夏跟妈妈去了成都、泰国旅游进行休息。研二第一学期，她如期办理了复学，回到了学校重新开始。因为突然变得紧张的学习，我担心小夏会一下子不能适应，因此开学初我每周都会跟她进行沟通，询问状况，安慰心情，建议复诊的时候调整药量。在她感到很累的时候，告诉她"别着急，慢慢来，我们陪伴着自己就好"，并帮助其办理病假。经过慢慢地适应，

小夏现在已经完成了课程的考试，毕业论文开题也如期进行。

三、反思与启示

1. 当学生出现自残现象时，不一定是坏事，这是情绪压力的一种释放方式，这本身是一种自救的表现，只是选择的方式对自己有伤害，需要甄别程度。既不要草木皆兵，也不要轻描淡写，掌握学生情绪的状态是判断的关键。

2. 原生家庭的影响只有在学生自己有足够强的自我意识，有能力重新改写人生脚本的时候才能够做出改变。学校和老师的作用不在于改变自我，而是让学生的自我能够发挥作用。

3. 跟学生家长的沟通需要共情，不是简单地下命令，而是从孩子出发，为了让孩子变得更好。

供稿人：解丹坤

学生抑郁自伤，家校多重守护

一、案例概述

硕士研究生小 Y 为跨专业考研学生，历经三次考研，入学后参加导师项目团队，3 个月后退出，参与科研不积极，导师曾多次与该生沟通。在该生研三时，因在中期答辩期间科研不顺，从而情绪低落，先后前往校心理中心、校医院、安定医院，确诊为中度抑郁并开具了相关药物，但该生一直拒绝服药，经过多次劝说无果。辅导员一直与该生、该生导师、班干部、该生舍友保持联系。舍友和同学反馈，该生 2 年封闭考研期间比较压抑，在北京没有什么朋友，跟父母相处不来，也不愿意回家。且该生明确表示，不同意告知家里自己抑郁的情况，学部研判该生情况将该生列为重点人群。4 月某天，小 Y 发布朋友圈，内容类似遗书。

二、分析与应对

事件发生第一时间，服从学校的统一指挥和安排，快速反应，第一时间成立学生意外伤害事故应急处置小组，党委书记、主任任组长，分管领导、相关负责老师任成员。确保发现、报告、指挥、处置等环节的紧密衔接，形成快速反应的处置机制，相关人员第一时间赶赴现场掌握情况，实时跟进，上报最新情况，避免事态扩大，最大限度地减少损失和影响。

1. 应急处置工作组职责

（1）接待抚慰：倾听家属的诉求，答复家属的咨询和疑问，做好解释说明及思想工作，建议学生回家就诊休养，防止其再次出现过激行为。

（2）安全保卫：配合公安机关查清案件事实，维护学校及社会安全稳定。

（3）材料梳理：迅速整理出当事学生的相关工作台账，形成事件简介。

（4）舆情处理：跟进事故处理，掌握网络舆情，对网络不实言论予以及时跟帖回应。

2. 排查工作组职责

（1）举一反三，点对点与目前延期毕业生导师联系，摸排延毕学生现在的情况。

（2）对现有心理月报中的重点关注学生进行二次摸排，开展谈心谈话；有意识、有方向地为危机学生和非危机学生提供精细化分层心理服务。

三、反思与启示

（一）加强辅导员—导师双向沟通，开展学生事务内部控制体系建设

针对学生的不同情况和客观需求，提供面对面沟通和指导，从导师、班主任和辅导员的不同视角，从安全管理和完善实施的不同过程，研讨危机案例的处理原则和工作方式。

（二）增强学校、家庭二级联动，有效防范心理危机风险

增强学校、家庭教育合力。及时了解学生是否存在早期心理创伤、家庭重大变故、亲子关系紧张等情况，积极寻求学生家庭成员及相关人员的有效支持。充分利用电视、网络媒体等平台和渠道，传播心理健康知识，积极营造有利于学生健康成长成才的社会环境。

（三）创新学生安全管理模式，以四级预警网络为依托打造校园安全文化

坚持"稳"字当头，强化日常预警防控。将安全管理工作精细化，健全完善"学部—班级—宿舍—个人"四级预警网络，依托学生党团骨干、学生寝室室长等群体，通过问卷、访谈、走访、座谈等形式，加强对学生思想政治教育、意识形态等方面地摸查。每月遍访所有学生寝室，定期召开学生心理异常情况研判会，对出现高危倾向的学生及时给予干预帮扶。

（四）加强心理咨询辅导服务，拓展意识形态实践活动

加强心理咨询辅导服务。设立学部级心理发展辅导室，为个体提供心理咨询，提供优质的实时实地服务。做好常态化心理咨询服务，积极开展线上线下多种形式咨询辅导服务，定期面向班级心理委员提供业务指导、技能培训，积极开展各类安全培训，以实际案例现身说法，加强警示教育。

（五）完善网络舆情监管体系，降低危机事件负面影响

联动各学生组织构建"体系+平台"双驱动机制，有效掌握学生思想和舆情发展现状。针对危机发生前的预警和发生后的舆情监管等重要环节加强实践经验反思和总结，强化部门联动，发挥整合作用，降低危机事件的负面影响。

供稿人：陈奇妍

构筑双相情感障碍的安全防护墙

一、案例概述

小Z，男生，北京人，父母离异，家庭经济状况较好，跟随母亲生活，确诊双相情感障碍。

1. 因伤休学

小Z在大三时于医院门诊二层外楼梯高处坠下受伤，在医院住院治疗期间拒绝探望及具体沟通，出院后正式办理休学手续，休学理由为外伤。休学后我协助家长办理公费医疗报销事宜，在诊断证明中看到该生处于重度抑郁状态字样。

2. 情感纠纷，申请复学期间殴打他人

小Z的母亲为小Z提出复学申请，表示小Z的身体经过休养已经好转，可以返校完成学业，学部表示根据之前诊断证明所述，按照学校要求，需要到专门医院开具复学证明。

同时与小Z同专业的女生小W向辅导员反映，小Z来到她家，两人发生了言语冲突，小Z情绪激动后动手打人，小W当即报警。得知此事后，我约见了小Z的母亲，表示小Z曾出现自伤行为，近期还出现了伤人的行为，建议其再休学一年，就医并辅助药物治疗。小Z母亲不同意，要求学校出具到安定医院开具健康证明的介绍信。

3. 复学后持续关注

小Z提交了安定医院开具的健康证明和复学申请，并告知辅导员小Z已被确诊为双相情感障碍；我告知小Z母亲，现在学生有案件正在公安机关审理中，如果复学后有任何治安处罚将可能会开除学籍，且在校期间无论该生是否有精神类疾病，违反校规校纪都将按规定受到处罚。小Z与其母亲均签署了复学承诺书，出于对小Z安全的考虑，辅导员和家长讨论决定小Z复学后采取走读方式继续完成学业。

复学后，我和小Z及其母亲保持联系，督促小Z按时完成学业，学部也重点关注小Z的课程选修情况。

二、分析与应对

(一) 身体健康问题

小Z在医院发生严重的身体外伤，可能导致了其对身体的不适感和恐惧。骨折和脱位引发了他生理和心理上的痛苦，可能使他更加脆弱和敏感。

(二) 心理健康问题

休学期间，获知小Z处于重度抑郁状态，后又确诊为双相情感障碍。抑郁症可能导致情绪低落、自卑、对未来的悲观看待等，双相情感障碍可能导致他情绪的极端波动，这可能是小Z出现问题的一个根本原因。

(三) 家庭问题

小Z父母离异，而且与父亲没有交往接触，这样的家庭环境使得他在遇到危机事件时，不仅无法在家庭中获得支持和关爱，还会因为家庭中的矛盾和冲突加剧了他无助、无力的感觉，无法获得他所需要的社会支持。

(四) 情感纠纷

情感纠纷是冲突源头，小Z因患有双相情感障碍，无法控制自己的情绪，在激动的情绪引导下出现暴力的行为，这种社交不适应或人际冲突可能会加剧他的情绪问题。

(五) 学业压力

小Z在学业上出现了问题，未能按时毕业，可能面临学业压力，这也是他出现当前整体状况的一个因素。

以上因素相互交织、相互影响，导致了小Z复杂的行为和心理状态。作为辅导员，应对措施如下：

1. 关注学生安全和健康

确保小Z得到足够的医疗和心理健康支持。尤其是他被诊断为双相情感障碍，可能需要专业心理医生的评估和指导。

2. 与学生和家长保持沟通

与学生及其家长保持透明的沟通，解释学校的关切和决策。说明学校对学生的安全和学业的关心，以及对学校规则和纪律的重视。同时了解学生的近况，及时处理可能出现的问题。

3. 学业辅导和支持

提供学业辅导和支持，尤其是考虑到小Z的双相情感障碍。确保他能够在学业上得到适当的支持，帮助他顺利完成学业。

三、反思与启示

作为辅导员，需要深入了解学生的背景，与学生及其家长建立积极的沟通，协助寻找专业的心理健康支持，提供合适的帮助和引导。

辅导员了解到学生的冲突和矛盾后，需要第一时间上报学部领导，获得学校的支持，尤其是作为新任辅导员，多向经验丰富的同事请教，学习处理学生冲突的经验，以更好地应对和处理学生矛盾和突发事件。

同时，学校还需制订全面的支持计划，包括学业、社交和心理健康方面的支持，帮助学生渡过困难时期。

供稿人：刘佳静

学生精神疾病复发，老师家长全力保驾护航

一、案例概述

小 J 是一名即将毕业的学生，某晚，小 J 情绪异常，和老师说自己想死，且语言混乱。我和辅导员老师第一时间报告给领导，马上通过师兄找到小 J，他的情绪十分低落，不和旁人交流。

辅导员随即联系家长，母亲表示小 J 有精神问题，之前在安定医院就诊、服药。家长试图和小 J 联系，希望能安抚小 J 的情绪，并表示不同意将小 J 送往医院。同门师兄将小 J 送回宿舍，并照看小 J 遵医嘱服药。同时我们也叮嘱了小 J 舍友，注意留意小 J 的情况。第二天，我与几位老师前往宿舍看望小 J。他在床上不愿起来。谈话中，小 J 问了诸如"活着的意义是什么""宇宙的尽头是什么"此类问题，我们几位老师都耐心解答，同时让小 J 按时服药。下午，小 J 情绪低落、哭泣，想找辅导员聊天，我和几位老师共同安抚小 J 情绪，与小 J 谈心谈话。几个小时后，小 J 开始出现异常行为，并且胡言乱语，精神明显失常。我们随即联系家长，在家长同意之后拨打 120 将小 J 送往医院。

当晚急诊医生诊断后建议住院治疗，当时几位辅导员老师和小 J 的同门师兄在医院陪同，办理住院手续。经过一段时间治疗后，小 J 出院，正常恢复校园生活。最后小 J 顺利毕业并且拿到了优秀毕业论文。

二、分析与应对

（一）确保学生安全

当学生精神状态不佳、很有可能精神疾病复发时，首先要确保学生的安全。如果学生的精神疾病症状再次出现，可能会变得情绪不稳定、行为异常，甚至对自己或他人构成危险。在小 J 同学犯病后，小 J 的同门师兄弟始终陪在小 J 身边，等待辅导员、家长的进一步处理，同时陪同小 J 回到宿舍。辅导员提前叮

嘱了舍友，注意留意小 J 的情况，有任何问题第一时间沟通反馈。

（二）辅导员、导师与家长充分联动

在处理小 J 同学这一事件中，辅导员从发现苗头就开始与家长保持联络，导师不断关心学生。在学生急救住院时也第一时间征得家长同意。在学生住院时，家长从外地赶来，就小 J 情况与我们谈话。在出院后，家长也积极配合医院、学校的工作，三方共同努力，为小 J 的在校生活、顺利毕业保驾护航。

（三）紧急必要的情况下及时送医

当学生的精神疾病复发，特别是在紧急且必要的情况下，及时送医是至关重要的。精神疾病是一种严重的健康问题，可能会影响学生的情绪、思维和行为，进而影响他们的学习、生活和社会交往。因此，及时的专业治疗和支持对于学生的恢复和康复至关重要。在小 J 已经开始胡言乱语、行为异常的情况下，同学及老师及时征得家长同意，将小 J 送往医院，医生认定其需要住院治疗。

三、反思与启示

（一）强化对学生的日常关注

小 J 同学并不在重点关注名单中，在平日他是老师心中的优秀学子，在同学们的眼中，他热爱运动、经常打篮球，没有特别的异常表现，只有在旧病复发时出现异常，这就要求我们在工作中，要全面了解学生，抓两头的同时通过谈心谈话多了解学生的想法、家庭状况、人际关系等。建立与学生之间的联系，在学生心中有疑问、心情低落时成为学生信赖的对象。

（二）打造一支学生队伍，建立有效沟通机制

辅导员不可能时刻在重点关注学生的身边照看，为了更有效地应对学生心理问题、精神问题导致的突发状况，打造一支学生队伍并培养他们有问题后第一时间与辅导员联系的意识至关重要。在选择培养学生时，可以注重培养学生的同理心、责任心与观察能力。这些学生需要对精神疾病有一定的了解，能够辨识出同学可能的不正常行为或情绪变化。此外，为这支队伍提供专门的培训，比如，如何识别精神疾病复发的迹象、如何与同学进行有效沟通、何时及如何与辅导员建立联系等。

（三）强化家校协同机制

在发现学生心理问题后，家校之间的合作尤为重要。我们有义务将学生的心理状况告知家长，并定期与家长沟通，形成定期沟通的机制，与家长共同帮

助学生。在学生出现危机时，要和家长明确紧急情况下如何采取行动，包括如何寻求专业医疗援助、如何安排学生的临时照料等。

供稿人：陈奇妍

调解宿舍矛盾化干戈为玉帛

一、案例概述

11月份我接到了宿舍因为室友打游戏影响休息导致吵架的求助。室友们之间的纠纷主要集中在其中一位同学打游戏到深夜，扰乱了其他同学的休息，引发了激烈的口角甚至肢体冲突。我的任务是妥善处理宿舍纠纷，调解双方矛盾，维护宿舍秩序，确保同学们的正常学习和生活。

二、分析与应对

（一）调查了解情况

在接到求助后，我首先依次与每位室友进行了面对面的交流，了解了事件发生的经过、双方的主张和不满，以及彼此之间存在的矛盾。矛盾爆发的主要原因是这位同学在周五晚上深夜打游戏十分亢奋，影响到了第二天计划早起读书的同学，引起了双方的不满和愤怒。

（二）召开宿舍会议

为了更好地了解全体室友的意见，我决定召开一次宿舍会议。在会议上，我听取了每一位同学的意见，让大家畅所欲言，通过少数服从多数的原则让这位喜欢熬夜打游戏的同学能够学会尊重宿舍其他人的感受，毕竟宿舍是一个共同的集体，大家相聚在一起互相包容是很有必要的。

（三）与当事人沟通

我主动找到通宵打游戏的同学，与他进行了一次深入的交流。我了解到他通宵打游戏的原因是课业压力大，为了放松自己。但是我也教育了他，放松也应有分寸，尊重他人是一个宿舍舍友间能够友好相处的前提，假如你是那个想休息而被他人影响睡眠的同学，你会怎么做？他也慢慢地认识到自己行为的负面影响，我鼓励他寻找其他途径来释放压力，保障室友的休息。当然，引发吵架的另一位同学也有一定的问题，在宿舍里有问题时可以好好沟通，不需要通过暴力手段来影响他人的生活作息。最终在我的调解下，两位同学向双方道歉，并保证不再犯错。

（四）制定宿舍规定

为了防止类似事件再次发生，我与室友们一起制定了一份宿舍规定，包括休息时间、娱乐活动的限制等。大家共同商定出一份都能接受的规定，以规范大家的行为，确保宿舍的宁静和谐。

（五）开展团队建设活动

一个宿舍在一起度过大学四年，可以说是彼此的左膀右臂。我鼓励他们开展一些团队建设活动，像打篮球，踢足球之类的，去寻找朋友们之间的共同爱好。通过共同的参与，增进室友们之间的感情，缓解紧张的氛围。

（六）提供心理辅导

我也敞开心扉地欢迎同学们来"骚扰"我，有事第一时间联系辅导员，并时刻关注室友们在面对矛盾时可能存在的心理压力，组织了心理辅导谈话，提供心理健康支持，帮助同学们更好地处理困扰。

三、反思与启示

（一）及时干预，防患于未然

这次事件让我认识到，及时干预对于宿舍纠纷的解决至关重要。通过早期的沟通和调查，问题可以在恶化之前得到解决，避免更大的纠纷。

（二）了解学生个体差异

每个学生都有自己的学业和生活压力，了解学生的个体差异是辅导员工作中的一项重要任务。在处理矛盾时，要考虑到每个学生的特殊情况，采取差异化的处理方法。

（三）引导合理娱乐

学生们需要有适当的娱乐和放松方式，而这些方式应当是对自己和他人都有益的。作为辅导员，我要引导学生找到合理的娱乐方式，使之不影响他人的正常生活。

（四）制定明确规定

在宿舍生活中，制定明确的规定是维护秩序的重要手段。规定应当公平合理，经过全体同学的共同商订，使每个人都能够接受和遵守。

（五）促进室友之间的沟通

沟通是解决矛盾的重要途径。我要鼓励室友们主动与彼此沟通，表达自己的需求和感受，通过对话找到共同点，减少矛盾。

（六）组织团队建设

通过对组织团队建设活动，可以增进室友们之间的感情，提高团队协作精神。这有助于室友们更好地理解和包容彼此，避免因为小矛盾而引发大问题。

通过对这次宿舍纠纷的处理，我深感作为辅导员的责任重大，需要不断提升自己处理矛盾和危机干预的能力，以更好地为学生提供帮助。在今后的工作中，我将更加关注学生的心理健康，通过更有针对性的措施，助力学生成长成才。

供稿人：汤盛润

逐层分解，针对解决
——适应高校集体生活

一、案例概述

一天上午，学生干部 A 带着一个同学 C 来找我，表示 C 同学在宿舍与另外四名同学存在矛盾，今日突然爆发，情绪崩溃。C 同学自述有心理问题，但并未就医也没有诊断，只是说自己不受室友欢迎，遭到排挤。在接到学生干部 A 的报告后，我首先安抚了 C 同学的情绪，并让他知道我会尽快处理这个问题。其次，我让 A 同学先陪着 C 同学去上课，以确保他的情绪稳定。再次，我立即联系了同宿舍的另外四名同学，了解他们与 C 同学之间的矛盾。最后，通过沟通，我知道了 C 同学因心理问题在宿舍经常发脾气，而室友因为不了解原因，对他的行为感到不满。

二、分析与应对

在本案例的解决过程中，我主要采用"逐层分解，针对解决"的办法。

1. 逐层分解，逐渐适应

在处理 C 同学宿舍的问题时，我首先采取的是"逐层分解法"。通过分别和 C 同学以及 C 同学的四名室友进行沟通，把矛盾分散，给他们冷静下来的时间，再逐层分析，为他们讲道理，让他们彼此多一点适应的时间。

2. 多方关注，针对性解决

在了解情况后，我先与 C 同学进行了单独的沟通，了解他的心理问题和情绪状况。在沟通过程中，我发现 C 同学对自己的问题有一定的认识，也有意愿改变自己的行为。我征求了他的同意，告诉宿舍另外四名同学他的情绪等情况。紧接着，我与另外四名同学进行了集体沟通，让他们了解 C 同学的情况，并希望他们能够给予理解和支持。在沟通过程中，他们也表示愿意尝试接纳 C 同学，并希望他能够改变自己的行为。

3. 提供帮助

在沟通协调的基础上，我向 C 同学推荐了学校的心理咨询中心，希望他能够接受专业的心理咨询和治疗。同时，我还与 C 同学的家长进行了沟通，让他们了解孩子的情况，并希望能够得到他们的支持和配合。

4. 持续关注

在提供帮助后，我与 C 同学的室友保持了密切的联系，了解他的日常生活和情绪状况。同时，我也定期与他进行单独地沟通，了解他的心理状况和学习生活情况。在这个过程中，我发现 C 的情况有所好转，与室友之间的关系也有所改善。这让我感到欣慰，也让我意识到持续关注学生问题的重要性。

三、反思与启示

每年都有对集体生活不适应的新生，他们不适应的表现不一样。有的同学变得内向，不愿与人沟通；有的同学频繁请假回家，耽误学习；有的同学私自外宿，安全无法保障；有的同学埋怨学校，生活态度消极。无论如何，这都不是积极面对生活的态度。集体生活固然不像一个人住那样自由、方便，但是有利于结交新朋友，锻炼心理素质。辅导员工作的关键，不在于怎么说服他们适应，而在于教会他们怎么适应。不同的学生有不同的性格，要采用不同的方式才能有针对性地解决问题，我总结了以下四方面：

1. 关注心理问题

学生的心理问题可能会对他们的日常生活和学习产生很大的影响。作为辅导员，我们需要关注学生的情绪变化和行为异常，及时发现问题并提供帮助。同时，我们也需要加强对学生的心理健康教育，让他们了解如何调节自己的情绪和处理人际关系。

2. 加强宿舍管理

宿舍是学生日常生活的重要场所，也是最容易出现矛盾的地方。作为辅导员，我们需要加强与宿舍管理员的沟通与合作，共同维护宿舍的和谐稳定。同时，我们也需要加强对学生的宿舍教育和管理力度让他们学会如何与他人相处和处理矛盾。

3. 建立良好的师生关系

作为辅导员我们需要与学生建立良好的关系，让他们愿意与我们沟通。这样才能及时了解他们的问题并为他们提供帮助。

4. 加强家校合作

家长是学生成长过程中的重要支持者，也是学生问题解决的关键人物之一。作为辅导员，我们需要与家长保持良好的沟通与合作，共同关注学生的成长和发展。同时我们也需要向家长传递正确的教育理念和方法，帮助他们更好地支持孩子的成长和发展。

供稿人：刘诗桐

逐层辅导调节宿舍矛盾

一、案例概述

作为一名高校辅导员，我曾遇到一起涉及宿舍矛盾的肢体冲突事件。该事件涉及一位北京学生 A 和一位外地学生 B。根据在场的室友和及时赶到现场的班长所说，学生 A 和 B 因生活习惯和态度上的差异产生了矛盾，进而升级为肢体冲突。家长对这一事件反应强烈，尤其是学生 A 的家长，表现出了明显的不满情绪和诉求。

二、分析与应对

对于这起事件我进行了详细的分析。我认为，这个矛盾的主要原因是双方文化和生活习惯的差异，以及缺乏有效的沟通。在此基础上，我将我的辅导工作分为以下三方面：

1. 调解矛盾：我首先分别与学生 A 和学生 B 进行了深入的交流，鼓励他们分享自己的观点和感受，并试图理解他们的立场。其次，我引导他们共同探讨解决问题的方法，例如，调整生活习惯、互相尊重等。

2. 家庭与学校合作：我与学生家长进行了多次电话和面对面的交流。我向他们解释了事件的经过，并表达了我对问题解决的决心。同时，我也听取了他们的诉求，包括要求对学生进行批评教育等处理手段，以及对两个学生进行心理辅导等。我向他们保证，学校将尽全力解决这件事情，并确保类似事件不再发生。

3. 提供心理支持：我对两位学生进行了心理辅导，帮助他们理解彼此的文化和生活习惯差异，并教授他们如何有效地沟通和处理冲突。

在这个案例中，A 同学的家长情绪激动，反复要求 B 同学单方面道歉并给予赔偿，站在辅导员的角度，我从倾听与理解、关心、建立信任、提供支持四方面来处理。

我可以理解作为家长听到孩子打架消息的害怕与不满，所以尽可能理解他们的观点和感受，同时注意一定不要打断他们，让他们有机会充分表达自己的想法。接着，我向家长表达了我对他们的关心和关注。我告诉他们，我很重视他们的问题，并愿意尽全力帮助他们解决。建立信任之后，我向 A 家长提供支持，包括提供必要的资源和建议。我告诉他们，我可以提供相关的信息和资源，帮助他们更好地理解和处理问题。

和家长沟通的过程中，最重要的是确保反馈，确保及时向家长反馈问题的进展和解决方案。让家长知道，学校正在积极处理问题，并让他们了解我们的计划和行动。

总之，用关心、理解和支持的态度来处理问题，努力建立信任关系，引导他们冷静下来，并提供必要的支持和反馈，以帮助他们更好地处理问题。

在帮助 A 同学和 B 同学解决宿舍矛盾的过程中，我采取了以下八点措施：

1. 制定宿舍公约：组织宿舍所有成员共同制定一份宿舍公约，明确规定每个人的权利和义务，以及如何共同维护宿舍的和谐与秩序。

2. 定期沟通会议：定期组织宿舍成员进行沟通会议，让大家有机会分享自己的感受、困惑和建议，从而增进彼此的理解和尊重。

3. 换位思考：鼓励双方站在对方的角度思考问题，尝试理解对方的立场和感受，减少误解和冲突。

4. 倾听与表达：提供机会让双方充分表达自己的观点和感受，同时学会倾听对方的意见，以达到有效沟通的效果。

5. 寻求外部帮助：如果遇到宿舍内部无法解决的问题，可以考虑邀请其他同学、朋友或老师作为中介，帮助双方进行沟通和调解。

6. 设定共同目标：鼓励双方设定一些共同的目标，如共同参加活动、学习小组等，以增加彼此之间的合作和团结。

7. 情绪管理：提供情绪管理的技巧和方法，帮助学生学会控制自己的情绪，避免冲突升级。

8. 提供心理咨询：如果学生的矛盾严重，或对他们的身心健康造成影响，可以提供专业的心理咨询，帮助他们更好地处理情感问题。

三、反思与启示

通过这次事件，我深刻地认识到辅导员在处理学生冲突中的重要作用。首先，我们需要积极预防类似事件的发生，通过加强学生教育、促进多元文化交流等方式降低冲突发生的可能性。其次，当冲突发生时，我们需要迅速采取行动，公正、客观地处理问题，同时关注学生的心理健康。此外，我们还应该加强与家长的沟通与合作，共同解决学生遇到的问题。

为了更好地应对类似事件，我将从以下四方面进行改进：

1. 增强跨文化教育：我将更加注重培养学生的跨文化意识和沟通能力，以减少由文化和生活习惯差异引发的冲突。在平时多组织集体活动，让同学们在集体生活中增进对彼此的了解。

2. 加强宿舍管理：建立辅导员—班长—宿舍长联动机制，以宿舍长为抓手，班级定期召开宿舍会议，通过与学生干部的密切合作，加强对宿舍的监管，及时发现并解决潜在问题。

3. 建立冲突解决机制：以宿舍长为主体，征求大家的意见，建立一个有效的冲突解决机制，包括设立专门的冲突解决小组并制定冲突解决指南，以帮助学生自主处理类似问题。

4. 提升个人辅导能力：我将继续提升自己的辅导能力，包括提高沟通技巧、增强解决问题能力等，以更好地帮助学生解决各种问题。

供稿人：刘诗桐

友谊和比赛，到底哪个重要？

一、案例概述

这个案例是一个典型的、学生冲突的案例，涉及学生之间的冲突及辅导员的介入。某天下午，辅导员接到通知，在学校组织的篮球比赛中，A 学院篮球队和 B 学院篮球队因为不满判罚结果而引发了冲突。双方从相互对骂开始，进而产生推搡行为。在冲突过程中，学生严某的牙被对方队员打掉。当时有很多同学在场观赛，冲突发生后，场面一度有些失控，双方有 30 多名学生开始相互对峙，还有同学鼓动大家动手，群体性斗殴事件一触即发。

二、分析与应对

为了防止冲突进一步升级，辅导员第一时间赶到现场，将严某送往医院，同时联系学生父母在医院见面交接学生。在处理的初步阶段，辅导员进行了详尽的调查和询问，以充分了解事件的具体情况。在医院了解到，严某牙齿受损，进行手术需要 30000 元，而引起冲突的 6 号队员是事件的首发者，因此严某提出了赔偿要求。

在调查过程中，我发现一些学生对事实进行了隐瞒，甚至鼓动同学不愿配合调查，这种行为可能会加剧双方之间的矛盾。为了妥善解决这一问题，辅导员采取了措施：首先，与 A 学院辅导员进行了沟通，共同努力，试图将这次事件的影响降至最低。其次，组织了一个双方在场球员的临时交流会，详细通报了此次事件的情况，并提出了明确的要求，以维护学生之间的稳定，防止类似事件的再次发生。最后，辅导员发挥了学生干部的力量，控制事件的进一步发展，并积极介入调解，力求化解矛盾。

在处理过程中，辅导员遇到了不少困难。一方面，严某对辅导员是否支持他表示怀疑，并对处理方式提出了疑问。他认为辅导员偏袒 6 号队员，没有重视他的权益。为了解决这一问题，辅导员主动与严某取得联系，与他进行了长时间的沟通，向他详细解释了整个事件的经过和辅导员的处理方法，并强调作为他的辅导员，非常关心和担心他的情况。通过这次沟通，严某最终理解了辅导员的立场和方法，并同意了调解方案。

另一方面，辅导员也遇到了来自6号队员的阻力。他一开始不同意全额赔偿严某的手术费用，仅愿意承担一半。经过双方辅导员的耐心沟通和细致劝导，6号队员最终同意了全额赔偿，并主动向严某道歉。最终成功化解了这次冲突。通过双方辅导员的努力和耐心劝导，涉事学生都认识到了事件的严重性，承认了自己的错误，并承诺不再发生类似事件。这次事件不仅是辅导员宝贵的经验教训，也让他们更深入地了解了学生的需求和问题，同时认识到了建立辅导员与学生之间信任关系的重要性。

三、反思与启示

1. 建立信任关系：在处理冲突时，建立信任关系至关重要。辅导员需要与学生建立良好的沟通渠道，了解他们的需求和问题，以取得他们的信任和支持。作为辅导员，需要通过真诚、耐心的交流和关怀，赢得学生的信任和尊重。只有建立了良好的信任关系，才能更好地了解学生的需求和问题，从而更好地为他们提供支持和帮助。

2. 耐心细致的工作：在处理冲突时，需要耐心细致地做工作，了解事件的经过和处理方式，针对不同情况采取不同的措施。在处理此次事件时，需要耐心地听取学生们的陈述，细致地分析事件的经过和原因，并根据不同情况采取适当的措施。这需要我们有足够的耐心和细心，以及对事件的全局把控能力。只有通过耐心细致的工作，才能更好地解决问题，避免冲突升级。

3. 合作与沟通：在处理冲突时，需要与相关部门和人员的合作与沟通，共同解决问题。通过合作与沟通，可以更好地了解情况，制订有效的解决方案。在处理此次事件时，需要与多个部门和人员合作，共同解决问题。通过合作与沟通，可以更好地了解情况，分享信息，制订有效的解决方案。同时，还需要鼓励学生之间的合作与沟通，让他们学会相互理解和尊重，从而营造和谐的学习氛围。

作为辅导员，需要不断总结经验教训，提高自身素质和能力水平，更好地为学生提供帮助和支持。同时，也需要积极借鉴其他成功案例的经验做法，不断完善工作机制和方法策略，为建设和谐校园做出更大的贡献。

供稿人：刘子豪

拆掉排风扇，共建安全宿舍

一、案例概述

11 月，宿舍楼楼长在检查学生宿舍时候发现我所带的大二年级的学生 A 的宿舍卫生间里私自拉线安装了排风扇。据学生 A 交代，他们的宿舍里有独立卫生间，到了冬季由于天比较冷，宿舍门、窗户经常关闭，如果卫生间没有排风措施的话，气味会散发到宿舍内部，影响宿舍生活环境，所以学生 A 宿舍成员共同决定安装排风扇。学生 A 是宿舍长，学生 A 表示，知道这些是学校禁止在宿舍使用的电器，但为了宿舍环境还是决定偷偷安装使用。后续学生 A 拆除了宿舍里的排风扇。

二、分析与应对

（一）案例分析

此案例反映的是学生违反学校学生宿舍管理规定，以及对违纪事件的处理问题。问题的关键点在于：

1. 如何引导学生正确认识自己的错误。

2. 如何帮助学生适应大学宿舍生活，增强纪律意识和宿舍安全意识。

（二）应对思路和解决办法

1. 处理违禁电器，了解事情经过

楼长发现违禁电器时，第一时间联系到我，并责令学生拆除。经查证，排风扇属于学生公寓管理制度中的违禁电器，私自拉接电线更是严重的安全隐患。在学生拆除排风扇并经楼长检查妥善处理后，我与学生 A 进行了谈话，在沟通中认真倾听了学生 A 的想法，了解了学生 A 安装排风扇的真实意图。

2. 批评教育，自我反省

在了解学生 A 安装排风扇的经过后，得知安装排风扇是学生宿舍成员共同的决定，我对学生们私自安装排风扇的行为提出了严肃批评，告知其违反了宿舍管理规定，同时学生 A 作为宿舍长，更应该起到带头表率作用，在此案件中有比较大的责任。同时，对学生进行安全教育，让学生了解私拉电线接用电器的危险性，列举相关的案例让学生明白危险就在身边，增强安全意识。在谈话中，我通过学生们说话的语气、神态分析及其心理情况，引导学生正确面对错误，勇于承认错误、承担责任，但也不要因为一次犯错就产生消极的念头。

3. 提出有效解决措施，团结同学共同监督

我建议学生虽然冬季室外空气冷，但也要在合适的时间（比如，全员上课宿舍没人时）开窗通风，这样一来能够加强室内外空气流通，有效改善室内空气质量；二来能够预防因为空气不流通而引起的流行性感冒等。同时要求学生所在班级的班干部共同监督，一旦发现学生在宿舍内安装排风扇或者出现情绪波动，立即上报给我。

4. 召开安全讲座，增强全体学生安全意识，防微杜渐

在各班组织召开校园安全用电知识讲座时，在不点明具体宿舍的情况下以此事件为案例警示所有学生，加强对全体学生的安全教育，排查校园安全隐患，坚决抵制破坏校园安全的行为。

三、反思与启示

1. 重视安全问题，排查宿舍安全隐患。安全是大学生安心学习的前提和保障，应引起我们的充分重视，要未雨绸缪。在学生刚进校时就应该加强他们的安全意识和纪律意识，定期召开安全教育主题班会，让学生们从思想上引起重视。宿舍区可以说是学生的密集区域，也是事故发生的高危区域，作为辅导员应和宿舍管理人员及时沟通，通过定期检查宿舍排查宿舍安全隐患。

2. 辅导员要主动关心学生学习、生活情况，帮助学生尽快适应大学生活。很多同学在进入大学之前都没有住过集体宿舍，进入大学后会有诸多不适应，大二学生又从新生校区转到本校区，宿舍环境等又要重新适应，作为辅导员要关爱学生，积极引导学生自我调节，帮助他们提高生活自理能力，同时也要用严格的纪律约束学生。

供稿人：严乐

安全无小事，点滴要从严

一、案例概述

某天晚上 7 点左右，学生小 W 抽烟后未及时熄灭烟头，将烟头扔进校园室外的垃圾桶，导致垃圾桶冒烟。保卫处发现后随即扑灭。

二、分析与应对

（一）通过监控辅助找到该生

由于当时周围无人，保卫处迅速采用监控辅助功能，调取校园监控视频。经过仔细检查，成功找到了丢弃烟头的学生，确认为小 W。保卫处将视频资料发送给辅导员，共同商讨下一步处理方案。

（二）对学生进行批评教育

了解情况后，学部迅速组织辅导员及导师对小 W 进行了严肃批评教育。通过面对面的交流，向学生解释了乱扔烟头可能导致的严重后果，并警告其要时刻注意校园安全。学生深感过错，主动提交了书面检讨，表示将引以为戒，确保将来只在吸烟区内吸烟，绝不再发生类似事件。

（三）大力提升学生消防安全意识

为了防范类似事件再次发生，学部决定将此次事件作为典型案例，制作宣传资料，并在全学部范围内开展安全消防警示教育。此次宣讲突出强调了校园安全的重要性，以及每个学生都有责任维护校园安全。同时，学部将加强禁烟工作的宣传引导。通过制作海报、宣传单等形式，向学生普及吸烟区域的设立、禁烟区域的划定，并详细说明吸烟时的注意事项。学部还在新生入学时进行专门的消防安全培训，使每位新生都能充分了解校园内的消防设备和安全出口位置，增强应急意识。通过这些综合性的措施，学部力图让每位学生都充分认识到自己在校园安全中的责任。

三、反思与启示

(一) 通过利用先进技术寻找学生

通过观看监控视频，了解学生行踪的同时可以及时发现学生的异常行为或需求。在此次案例中，监控系统为学校提供了一种高效的手段，帮助其迅速定位问题源头。然而，在使用监控技术时，我们必须遵循法律法规和学校规定，以确保不侵犯学生的隐私权和个人信息权益。在应对类似事件时，应建立明确的操作规范，仅在确有必要的情况下使用监控技术，并在使用过程中保障学生的合法权益。

在监控过程中，可以记录学生的面部信息、衣着打扮、行动轨迹等，这些信息有助于更全面地了解当时的情况，也能够为后续的教育工作提供更有针对性的信息。然而，这也需要谨慎对待，确保信息的存储和使用符合相关法规，并采取有效的安全措施，防止个人信息被泄露和滥用。

(二) 将安全教育落在日常当中

对学生的安全教育应当落实在日常教育当中，增强学生安全防范意识，包括消防安全、财产安全、人身安全等。辅导员可以定期深入班级宿舍开展安全教育活动，如安全知识讲座等，让学生了解安全知识和紧急救援技能，增强学生的安全意识和自我保护能力。融入课程教育，可以将安全教育融入课程教育中。充分发挥网络育人功效，开展网络安全教育，通过微信公众号内容推送、线上答题等活动向学生传递安全知识以及网络安全意识，为学生的健康成长保驾护航。

供稿人：陈奇妍

舆论事件应急处理与教育

一、案例概述

在 11 月份的一次网络舆情排查中，有位学生借用我在校园展示栏的照片在百度贴吧对某位哔哩哔哩 up 主提出不满的声音，导致了一场涉及辅导员形象和学生言论权益的舆论风波。这件事涉及的范围广泛，对学生、辅导员以及学校产生了一定的负面影响。作为辅导员和这个事件的当事人，我在这场舆论事件中既是受害者，也扮演了一定的协调者和引导者的角色。

二、分析与应对

（一）调查了解事件背景

当我被告知有人在贴吧使用我的照片宣传某位哔哩哔哩 up 主时，我上网搜索了该 up 主的人物形象，截取了贴吧言论截图。帖子写道：你说得对，但是《X 同学》是由学校自主研发的一款全新开放的世界冒险游戏。游戏发生在一个被称作"百京城"的幻想世界，在这里，被教育部选中的人将被授予"辅导员"的称号，导引大学生活。你将扮演一位名为"大学生"的神秘角色，在自由的学习中邂逅性格各异、能力独特的同学们，和他们一起击败主任，找回失散的学费的同时，逐步发掘"X 同学"的真相。

（二）初步分析，寻找发帖人

在舆论事件发生初期，这位发帖网友并未直接点明我的对与错，也没有对这位 up 主表达出不当的主观情绪，但他打着我的照片说着吐槽别人的行为很显然侵犯了我的肖像权。在上报主管领导后，我即刻通过该发帖人的相关信息寻找其真实身份。通过排查我知道了该发帖人的真实身份，为某某班大一新生，我的学生，我即刻与该学生取得联系。

（三）疏导情绪，稳定局势

面对我的询问，学生显得有些惊慌失措，他并不理解我为何会找到他。当提及贴吧事件时，他有些委屈，说到他只是想借我的优秀案例去吐槽该 UP 主的不正当行为，并没有想伤害我的意思。此时我认识到这位学生是出于调皮而引发的这样一起舆论事件，因此做好学生的思想工作，疏导情绪是至关重要的。我来到教室找到了这位学生，倾听他的诉求，并及时回应一些可能存在的误解。通过这些疏导措施，我平息了学生的情绪，避免情绪激化。

（四）寻求解决方案

在沟通的过程中，我告知他，网络并不是法外之地，在你发布任何一切言论之前，你需要考虑这条信息对其包含的对象的影响，显然这样的言论很容易引起冲浪人士对我褒贬不一的评价，引发舆论。我希望他能够及时删除该条帖子，维护我的肖像权，考虑到学校的管理需求，建立彼此之间的互相尊重，以达到双赢的目标。学生在意识到事态的严重性后也积极地向我承认错误并道歉，即刻删除该条帖子。

（五）透明沟通，发布信息

为了避免信息不透明引发更大的误解，我和该同学发布一条朋友圈，澄清了该事件的无关性和无效性。透明的沟通有助于重建信任，缓解学生和社会的负面情绪。

三、反思与启示

（一）快速响应，及时处理

舆论事件的处理需要快速响应，不能等待问题升级。在寻找舆论事件的源头时，要捕捉舆论中的关键信息，这样能更快地找到发言人，从源头遏制舆论的二次传播。

（二）全面了解，客观分析

在面对舆论事件时，需要全面了解事件的背景，包括学生的诉求、事件发展的过程等。同时，要保持客观中立的立场上，避免一味地站在某一方的立场上，以更好地协调各方的矛盾。

（三）有效沟通，建立信任

有效的沟通是解决舆论事件的关键。要与各方保持开放的沟通渠道，建立起相互的信任。通过倾听和理解，找到问题的根本，制订合理的解决方案。

（四）学校形象与学生权益的平衡

在处理舆论事件中，要平衡学校形象和学生权益。不能只考虑学校的管理需求，也要关注学生的诉求，寻求一种既能够维护学校形象又能够满足学生需求的解决方案。

（五）持续学习，提升处理能力

舆论事件处理是一项复杂的工作，需要不断学习和提升自己的处理能力。通过这次经历，我深感还需要更深入地学习舆论学、心理学等相关知识，以更好地应对未来可能发生的事件。

供稿人：汤盛润

保护患病学生隐私，用理性化解群体恐慌

一、案例概述

22 级研究生刚入学报到一个月，小郭同学在体检时筛查出患有肺结核，按照校医院要求需办理休学。当时，因为是在疫情防控期间，有同学在班级企业微信群里提出了疑问，表示没有得到相关通知，非常担心会被传染。要求公布学生是谁，什么时候检查出来的，现在状况如何。

二、分析与应对

肺结核本身是一个常规的、传播力不强的传染病，且绝大多数学生已经在童年时通过国家的基础免疫注射过卡介苗，具有群体免疫屏障。每年新生体检的时候只有极少数的学生检查出有问题，当前没有形成传染，且本人通过治疗可以痊愈，不会造成严重影响。

疫情防控期间，因为对新冠的担心，很多学生非常敏感，加上缺乏相关医学常识，一旦遇到跟肺有关的疾病就容易陷入紧张，乃至恐慌。同时，因为新生刚报到，彼此不熟悉，加之校园管理严格，更多信息通过班级群等线上进行沟通，更容易带动整个年级的学生产生情绪波动，如应对不及时，极易产生对患病学生和学校处理的不理智情绪。鉴于此种情况，我秉持了两个原则：

1. 坦诚回复学生的疑问和不解，科普肺结核的医学常识，用以消除学生的顾虑。

学校已经第一时间启动了环境消杀并让患病学生离校，患病同学已不在学校住宿。肺结核的处理是按照传染病要求执行的，有成熟的流程，所有举措都是按照校医院的要求来执行的，不存在耽搁和延误，同学们不用忧心。

2. 无论何时，一定坚决保护好学生的隐私，不透露姓名，不能让患病的学生承受压力，并请其他学生理解。

我在群里跟学生说："学校不可能不考虑同学们的健康，相关措施当时就启动了，我们都根据校医院的安排来完成了。当时只是疑似，现在确诊，并没有耽误什么，所以大家不用担心。基于对同学的保护，我不会公开是谁，哪怕你们已经知道。所有的同学都是我的学生，我不会牺牲任何一个人的健康和安全。"

回复了这些以后，得病的小郭同学在群里坦然地跟大家说自己就是那个得了肺结核的人，很是抱歉。目前经过北京市胸科医院检查后病情不严重，因为已上过两周课，他把自己的课程表发到了群里，供大家参考，并认真明确地告诉大家肺结核在潜伏期是没有传染性的。所有没有跟他接触过的同学是不会被传染的，接触过的学校也会妥善处理，希望大家注意身体，有问题第一时间上报。我紧接着普及了大家小时候都接种过卡介苗，这就是预防肺结核的疫苗，所有大多数人都是有抗体的。此时，有同学发了"你没有做错什么，祝早日康复"。我也告诉大家，小郭同学接下来会办理休学，回去静养。我@小郭"一个小小的停顿，不是什么问题，人生本来就不会是一路顺风的。我在这里等你回来"。接下来，有20多名同学都纷纷送上了早日康复的祝福，有一名得过肺结核又治愈了的学生还分享了自己的治疗心得来鼓励小郭。这些暖心的举动让小郭很感动，再次对大家表示了歉意和感谢。事情至此得到了圆满的解决，后续没有人再提起这件事，也没有对学校产生不满。

三、反思与启示

1. 遇到涉及学生身心健康，又带有传播性的疾病，必须及时进行说明和引导，既保护学生又消除恐慌。

2. 新生群体刚开始报到，对学校环境和同学都不熟悉，很容易因为一些事情引发焦虑，尤其是在学校严格管理期间，任何一点问题都有可能引发连锁反应，导致学生对学校产生对立情绪。作为辅导员一定要多关注学生的情绪，多把时间和精力放在对学生的生活适应和环境适应帮助上，先让基本生活安定下来才能解除陌生感带来的不适。

3. 保护学生的隐私是第一要务，即使遇到不理解的学生产生分歧也要坚定这个立场。这个态度会让所有学生看到一个辅导员是不是真心爱学生，是不是值得信赖，有这样的积极印象对于后面的工作开展大有裨益。

供稿人：解丹坤

群体事件下避免非理性从众

一、案例概述

某日，校园内出现一段不雅视频，学校迅速开展溯源工作。工作中发现小W同学收到同学小H发来的信息，内容是一段网页链接和不雅图片，小W同学出于好奇，点开链接观看到视频内容。

随后，小W将链接转发给同宿舍同学，同宿舍同学看到后又进一步私信转发给自己的好友，之后未再进行散播。

二、分析与应对

（一）第一时间联系有关学生询问情况

接到学校通知，我迅速联系涉及的学生，与他们进行详细交流，了解情况的来龙去脉，以及整个视频传播的详细链条。通过及时沟通，可以更准确地了解每位学生的参与程度，确定责任主体。

（二）开展批评教育

在了解情况的基础上，我与其他老师一同对涉及的学生进行批评教育。重点强调了不良信息传播的危害性，以及因为传播涉及他人隐私的内容可能导致的法律责任。通过多次的沟通，确保学生对问题的认知更为深刻，同时要求他们立即删除相关的不雅图片和视频，并填写相关的承诺书，表明不再参与传播。

（三）与学生反复确认细节，配合学校进一步工作

随后两日内，在批评教育的同时，我与学生保持密切联系，反复确认事件细节，以便为学校提供更全面的信息。在这个过程中，要维护学生的合法权益，促使他们充分认识到自己的错误，并使他们形成积极的态度面对后续的处罚和教育。

（四）面向全体学生开展主题教育

关注事件可能带来的舆论波及，学校需要通过多方渠道传达明确的信息。我通过班干部、党支部书记等学生骨干，了解班级学生动态，确保信息传达的准确性。同时，面向全体学生召开班会，以及通过其他途径强调传播淫秽色情内容和侵犯他人隐私的法律后果。在这个过程中，要规范网络行为，明确底线，培养学生的法治观念，让他们懂得敬畏法律、知道如何担当起自己的责任。

三、反思与启示

（一）群体事件下避免非理性从众

群体事件下，学生群体容易盲目跟风从众。究其原因，学生群体在一定程度上还缺乏独立思考，对事物的认知还不够深入，往往很容易受到他人的影响。在群体事件中，如果没有自己的独立思考，很容易被情绪左右，导致非理性从众。在群体中，容易受到群体心理的影响，从而做出不理智的行为。在这种情况下，要培养独立思考能力，学会分析问题，不盲目跟从他人。在面对群体事件时，要有自己的判断力和思考力，不被情绪左右。在面对传言和谣言时，要保持冷静，不盲目相信。同时也要注意保护自己的个人信息，避免泄漏给不法分子。同时我们应与学生建立良好关系，学生在遇到这类事件后可以有意识地去联系辅导员，通过我们具备的丰富经验和知识，为学生提供科学、合理的建议和指导。

（二）提高信息素养，明确法律底线

当前的学生群体是互联网常驻人群，但也可能存在信息素养不足的问题，在信息时代，信息的传播速度非常快，但学生的信息素养还不够成熟，往往难以辨别信息的真伪，容易受到谣言和传言的影响，也容易被一些具有噱头的内容吸引，进而引发他们的传播行为。明确法律底线是每个公民应尽的义务。在群体事件中，我们要遵守法律法规，不违法乱纪，不参与非法活动。违法行为的后果不仅会给自己带来法律责任，也会对他人和社会造成不良影响。因此，我们要加强法治意识，明确法律底线，自觉遵守法律法规。

供稿人：陈奇妍

建立良好人际关系，防止性骚扰等不当行为

一、案例概述

学生小 Z 通过社交软件加了外校某女生小 W 的好友，并在社交软件上与该女生聊天。在相识一段时间后，小 Z 与小 W 互相添加了微信好友，并通过文字和电话聊天，偶尔会互相关心。

3 月 7 日晚，小 Z 突然发现小 W 将其微信删除，心中不开心，随即通过其他微信重新添加小 W 好友，并发表一些不当言论。

由于小 W 不知道对方是谁，看到对方的不当言论感到害怕，在第二天一早即 3 月 8 日前往派出所报警。

派出所经过排查锁定小 Z，通过学校保卫处联系到学部负责人。

二、分析与应对

第一时间联系学生。在接到学校和学部领导的通知后，辅导员第一时间联系小 Z 询问情况，小 Z 还不知道对方已经报警，以为是过年期间分手的女友在闹事。随即我们告知小 W 接到的消息，小 Z 自认为以他和小 W 的关系不应该出现这样的情况。

对学生加以正确引导。小 Z 当时没能认识到自己的言论有什么问题，以及会有什么样的后果。我们着重向小 Z 强调了言论的责任和对他人的尊重，教育学生在言论上要负责任，尊重他人的感受和权利。避免使用侮辱性、歧视性和攻击性的言论，尤其是在男女关系方面。同时，也要引导学生学会倾听和理解不同的观点，促进良好的交流和沟通。

与学生共同前往派出所说明情况。同时，我们与学生赶往派出所，派出所做完笔录后，因对方也是学生，且当天为三八妇女节，此事被派出所提级处理，重视程度更高。鉴于小 Z 表现出良好的认错态度，并取得了对方的谅解。派出所警官对小 Z 进行了批评教育，小 Z 表示以后绝不会有类似事情发生。

三、反思与启示

（一）培养学生正确观念

对学生男女关系及言论的正确引导是学生在校期间面临的一个重要问题，因为这关系到学生的健康成长和发展。作为辅导员，要引导学生建立健康的交往关系，在交往过程中应尊重彼此的权利和尊严，避免任何形式的骚扰和欺凌。同时，在亲密关系上，一是要引导学生认识到男女之间应该平等相待、互相尊重、共同发展；二是培养正确的性别观念，认识到男女生在生理、心理和社会角色上存在差异，但都是平等的个体，要避免任何形式的性别歧视和偏见，促进男女之间的和谐与平等；三是强调言论的责任和尊重，让学生明白要为自己的言行负责任，尊重他人的感受和权利，同时也要引导学生学会倾听和理解不同的观点，促进良好的交流和沟通。对于在男女关系方面遇到困难或问题的学生，为他们提供心理辅导和支持，帮助他们正确处理情感问题，增强自信心和解决问题的能力。必要时加强家庭教育和学校教育的合作，共同关注学生的成长，引导学生正确看待男女关系。

（二）特殊时间节点加强引导

特殊时间节点如三八妇女节这样的节日，可能会导致某些问题的升级。在这种情况下，辅导员应该更加关注学生的言行，防止任何不当行为导致的问题。首先要加强教育宣导。在特殊时间节点到来之前，可以加强相关教育引导，如此次三八妇女节，就可以强化有关性别平等、尊重他人、反对性骚扰等方面的教育宣导，让学生了解什么是性骚扰，性骚扰的危害性以及如何避免和处理这种情况。其次是提高警惕性。在特殊时间节点，辅导员及学生都应提高警惕性，注意自己的言行举止，避免使用任何不当的语言或做出不适当的行为，同时也要关注他人的言行，及时制止任何不当的行为。再次是加强监督和管理。通过学生骨干，走访学生加强监督和管理，尤其是在特殊时间节点。如果有任何学生表现出不当的言行，应该及时进行批评教育和引导。最后是提供支持和帮助。如果学生在特殊时间节点遇到了任何问题，无论是关于言谈举止还是其他方面的问题，辅导员都可以提供支持和帮助，如安排心理辅导或者提供其他必要的支持，帮助学生渡过难关。总之，特殊时间节点需要特别关注学生的言行举止，通过加强教育宣导，提高警惕性、加强监督和管理以及提供支持和帮助等措施，可以帮助学生更好地理解并遵守相关规定和要求，促进校园的和谐与稳定。

供稿人：陈奇妍

恶意投诉下更要注意保护学生

一、案例概述

（一）学生小 L 受到微博投诉

某校外人员在学校官方微博投诉学生小 L "高校学生租借生活用品，拖欠租金"的情况，处理后予以回复。

（二）频繁接到对方的 12345 投诉

这名校外人员曾数次联系学校反映此事。在 4 月 4 日第一次反映后及时处理，该生表示问题已处理。但随后这名校外人员不断向我发信息、打电话，核心诉求为：希望将小 L 的手机号告知他，或者让小 L 用校外人员指定的手机号码与他联系。

（三）与对方无法取得联系

在接到学校通知后，小 L 于 13 日在辅导员办公室，通过辅导员固定座机以及我的个人手机试图与这名校外人员取得联系，多次尝试该生并未接电话。仅有的一次接通后，当校外人员知道对方是小 L 后立即挂断了电话。随后我通过短信与其交谈，希望这名校外人士能够接电话沟通，但校外人员表示希望小 L 以自己的私人手机号与他取得联系，拒绝通过其他方式沟通，且不断向我索要 L 同学的手机号。

（四）小 L 毕业后仍在持续投诉

小 L 毕业后，这名校外人员还在持续通过 12345 投诉，以及给我发短信的方式沟通此事，同时想要联系小 L。目前还在与其沟通中。

二、分析与应对

（一）详细了解事情经过

在首次微博投诉后，及时向学生了解情况，学生向我说明事情经过，经了解，生活用品是指一个四年前共用过的塑料暖瓶，当时学生与这名校外人员等人共同合租房子准备考研，校外人员备考结束后先行搬离出租屋，暖瓶等生活物品没有搬走，当时和小 L 等人说可以使用这些物品。但是在随后的几年里，这名校外人员改口为租赁，并且要求支付费用。小 L 不想与其多纠缠，所以已经数次按照对方要求支付费用，并提供了支付记录。不能忍受这名校外人员不断骚扰的小 L 后来将其微信删除。

（二）充分保护学生个人隐私

这名校外人员的思维逻辑、语言表达上明显比较混乱，只通过投诉反映问题，与其沟通十分困难。在几个月的交流中，我发现他的目的看似是需要小 L 支付租赁费用，实际上是想要小 L 的联系方式，想要和小 L 保持一种联系。但是出于对学生的保护，我们不会将学生的手机号码等信息透露给校外人员，特别是在学生不愿意的情况下。

三、反思与启示

（一）保持良好心态

对辅导员来说，学生被反复无理的 12345 投诉容易让我们烦躁，但越是在这种时候，越要保持冷静和客观，不被情绪左右，认真听取学生的投诉，了解事情的经过，并尽可能地进行客观分析。在处理学生投诉时，要坚持原则，不要因为个人情感或者学生的态度而做出不公正的判断。要坚持按照学校的相关规定和程序处理问题，做到公正、公平、公开。同时，我们还要保持积极心态，面对学生的投诉，不过分担心或者焦虑，善于沟通和调解，尊重学生的权利和尊严，积极寻求解决问题的方法。最后是学会自我调节和放松，可以采取一些适合自己的方式，如运动、听音乐、阅读等，以缓解压力和焦虑，保持身心健康。

（二）在处理过程中注意保护学生隐私

每个人都有自己的隐私权，包括个人信息、家庭情况、联系方式等。在处理这类事件时，要注意保护学生的隐私，如果辅导员在处理投诉时没有保护好个人隐私，那么可能会受到一些不必要的干扰和压力，甚至会影响到公正性。

保护个人隐私也有助于维护学校的公正形象。如果在处理投诉事件时没有保护好个人隐私，可能会导致一些负面印象和舆论，甚至会影响到学校的声誉和形象。有些校外人员可能会利用得到的信息进行恶意攻击，例如，公开个人信息、诽谤等，对学生产生不良影响。

供稿人：陈奇妍

对被网络诈骗的学生的深度辅导

一、案例概述

小张，大一新生，最近在社交媒体上被一个陌生人拉入一个虚假的投资项目。投资项目声称有高额回报，并迅速吸引了小张的关注。小张因为缺乏经验和对风险的认识，投入了大量资金，却在后来发现整个项目都是一场骗局。他在经济上遭受了巨大损失，同时也陷入了沉重的心理困境。

二、分析与应对

（一）提供情感支持和倾听空间

在面对小张时，我首先为他提供了情感支持和倾听空间。他在遭受诈骗后感到羞愧、焦虑和绝望，需要有人倾听他的心声。其次，通过与他的对话，我了解到他内心的痛苦和对未来的不安。

（二）深入了解诈骗的具体过程

为了更好地协助小张，我深入了解了诈骗的具体情况。通过探讨他是如何被引导投资的，以及项目是如何欺骗投资者的，我能更全面地理解他遭遇的困境，并为制订后续方案提供有针对性的帮助。

（三）提供法律和经济方面的建议

在确认了诈骗的事实后，我向小张提供法律和经济方面的建议。这包括报案、与银行联系尽快冻结资金，以及协助他了解追回损失的可能性。同时，我也介绍了一些相关法律服务和组织，以协助他维护自己的权益。

（四）进行心理疏导和危机干预

考虑到小张可能陷入了心理困境，我进行了心理疏导和危机干预。通过与他建立信任关系，我帮助他理清思绪，鼓励他主动面对问题，并提供积极的心理支持，以帮助他渡过难关。

（五）引导学生提升金融素养和风险意识

在帮助小张应对当前问题的同时，我也意识到有必要引导学生提升金融素养和风险意识。通过提供实际案例分析以及向学生介绍可信赖的金融咨询渠道，帮助他们更好地防范金融诈骗。

三、反思与启示

（一）金融素养的重要性

学生在大学阶段需要具备一定的金融素养，了解投资和理财的基本原则，以更好地防范各类金融诈骗。辅导员可以通过提供相关课程和资源，帮助学生提高金融素养，增强他们的金融安全意识。

（二）对心理健康的关注

遭遇诈骗可能给学生的心理健康带来巨大的冲击。在深度辅导中，除了解决学生的经济问题外，同样需要关注学生的心理状态，提供必要的心理支持和疏导，帮助他们更好地应对挫折和压力。

（三）提供全方位的支持

在协助学生处理经济问题的同时，辅导员需要提供全方位的支持。这包括法律咨询、心理辅导、经济援助等各方面的帮助，以确保学生能够在最短的时间内恢复正常生活。

（四）防范教育的重要性

学校可以通过开展防范金融诈骗的教育活动，提高学生的警惕性和防范能力。通过案例分享、专题讲座等形式，让学生更加清晰地认识到各类金融风险，从而降低他们受骗的可能性。

通过深度辅导，小张得到了法律知识普及和心理帮助。在这个过程中，我也意识到在学生面临金融问题时，辅导员需要提供全面的指导和支持。

供稿人：付邵阳

加强安全教育，防诈骗于未然

一、案例概述

小C，研究生，该生接到骗子电话，骗子自称是她的导师，以其导师名义，要求小C第二天来实验室。第二天早上骗子又致电小C，以要买烟酒送领导为由让小C帮忙，小C表示同意。随后骗子又改口说送烟酒不便，需要现金，让小C汇款，承诺一到实验室就归还借款。小C信以为真，以为导师周转不开，回到实验室后就会立即把钱还给自己。小C当时钱不够，先后向3个同学借款，分两次用工商银行手机银行向指定的农业银行账号共打款2万元。在第二次转账之后接到网警电话，询问是否接到不明电话要求转账，同时骗子打电话要求再次转账，小C才有所警觉，与导师联系后方知被骗，同时告知辅导员。

二、分析与应对

辅导员在接到小C的电话后，让该生立刻报警。报警后，警察让小C先前往银行，打出今天转账的流水单，之后前往派出所进行笔录并立案。辅导员与导师沟通了解详情，并嘱咐学生注意安全，不要着急，保持联络。

小C在派出所办理完相关手续后，返回学校与辅导员进行沟通，告知具体情况。得悉警方已经进行了立案侦查，但对是否能追回被骗钱款，没有明确消息，只让小C返校等待。由于小C一直在哭泣，辅导员在现场始终安慰并帮助稳定小C的情绪，劝慰她尽快与家人沟通、告知情况。小C表示会想办法尽快将借贷的款项归还。

最后，辅导员与导师进行了联系，叮嘱随时沟通小C的情况和相关进展。近期也会约谈其他三位被借款的同学，稳定同学关系，安抚心态，积极配合警方调查，同时安排了学生干部近期陪同小C，并每天关注她的心理状态，积极配合警方进行调查，继续跟进事件的处理进展，及时汇报。

小 C 在辅导员的劝说下，将实情告诉家长，但是受骗金额只报了 1 万块钱，家人替小 C 将本人及同学的部分借款还清，还剩 1 万元未还。

三、反思与启示

（一）加强学生安全教育

学生被骗几万元的事件暴露出学生安全意识的不足。作为辅导员，我应该加强对学生的安全教育，增强他们的安全意识和自我保护能力。在未来的工作中，将通过组织安全教育讲座、发放安全知识宣传资料、开展安全知识竞赛等方式，让学生了解常见的诈骗手段和防范方法，增强他们的安全防范意识。

（二）加强学生心理健康教育

被骗学生在心理上也会受到一定的影响。因此，作为辅导员，还应该加强对学生的心理健康教育，帮助他们建立正确的价值观和消费观念。在未来的工作中，将通过开展心理健康讲座、组织心理辅导活动、提供心理咨询等方式，关注学生的心理健康状况，及时发现和解决潜在的问题。

（三）加强家校沟通

学生被骗事件也提醒我要加强与家长的沟通。家长是学生的监护人，也是学生财物安全的第一道防线。我将积极与学生家长沟通，及时反馈学生的学习和生活状况，提醒家长关注学生的财物安全，共同保障学生的健康成长。

（四）加强自身能力建设

作为辅导员，我还应该加强自身能力建设，提高自己的专业素养和处理突发事件的能力。将积极参加培训和学习，掌握更多的学生事务处理技巧和方法，提高自己的业务水平和服务能力。同时，我还将积极与其他辅导员、学校相关部门交流合作，共同探讨解决问题的方法和途径。

总之，作为高校辅导员，在处理学生被骗的事件中，除了采取一系列措施来帮助他们处理这个问题外，还需要进行深入的反思和启示。通过加强对学生的安全教育、心理健康教育、家校沟通、自身能力建设来提高自己的工作水平和能力。同时也要吸取教训、总结经验来更好地为学生提供服务和保障。

供稿人：严庆云

掌握防范技巧，保护财产安全

一、案例概述

小A，男，研究生，接到一个显示来自重庆的电话，对方自称是蚂蚁金服的客服，由于最近国家对蚂蚁金服进行整顿，而该生即将毕业，要取消学生的个人贷款或者将其转为非学生身份，如果不取消作为学生身份的话，对以后的买房、买车、贷款、个人诚信都会有影响。该生前段时间也看到过国家对蚂蚁金服的相关政策，就相信了。紧接着，对方说要该生开一个腾讯会议，然后把会议号告诉他，他会让另一个客服加入这个会议指导如何操作去取消学生身份。该生开了腾讯会议，就有另一个人加入了会议，在语音中听到对面的确有很多客服打电话的声音，也是类似于这样的操作，于是更加相信对方是真正的客服工作人员。那个加入会议的人要在腾讯会议中开启共享桌面的形式，这样任何操作他都能看到，以便指导他怎么取消学生身份。首先他告诉该生要尝试各种金融贷款的App，检查以前有没有使用过和这个手机号相关的贷款，如果没有使用过，要使用一下，因为要验证是不是学生身份。该生将信将疑地操作了，先是在支付宝的花呗中贷款了11000到个人银行卡中，然后说要把这笔钱转到他那个公司的银行卡中，做一个结清证明，有了这个证明之后，他们公司会联系相应的人员认证一下，取消掉这笔贷款。在转这笔钱的时候该生很疑虑，对方还把自己的个人身份证信息、个人的工作证件照发过来了，显示的是支付宝公司的工作证，所以该生就又进一步相信了，把钱转给他了。随后以相同的形式通过美团、微信上的微粒贷、拍拍贷、建行的快贷形式贷款分六笔共计6万转给对方不同的账户，随着转走的钱越来越多，这时该生就起疑心怀疑遇到了诈骗，其他同学让该生挂断电话立马报警。

二、分析与应对

该生于当天下午在派出所立案，但警察说追回的希望并不大。我当天接到通知后及时与该生沟通了解情况并对其进行安慰，也和该生的导师沟通了此事。该生情绪尚可，不愿让自己的家人和导师知道此事，希望老师和学校能替他保密这件事，以免让周围的同学嘲笑议论。该生已向大约10位同学借了钱把所有欠款还清。

以上的各种App贷款该生之前都没碰过，也从没贷过款，所以对贷款等不熟悉，只能按照对方的指引走。另外，该生学习优秀，是两次国家奖学金获得者。平时一心专注学习、科研，学校发的防诈骗的宣传材料都没太关注。骗子正是利用了这点，才让该生走进了他的圈套。

电信诈骗，是指以非法占有为目的通过电话、短信和网络方式，用虚假事实或隐瞒真相的方法诈取款额较大的公私财物的行为。在如今这个科技高速发展的时代，正是一些人不关注、不重视、不了解网络安全，才会让这样的不法分子钻了空子。因此，增强网络安全知识和意识是非常必要的。

三、反思与启示

随着互联网、电信产业的不断发展，近年来，利用电话、短信、网络等方式进行虚假信息诈骗的活动十分猖獗。为了切实提高广大学生对网络、电信诈骗的识别和应对能力，学校要不断向学生宣传有关防范电信诈骗的知识。

随着社会的发展，信息技术的进步使得诈骗案件越来越多，手段也越来越高明。尤其是一些诈骗分子，利用一些学生的虚荣心、贪便宜、单纯等心理特点实施各种诈骗手段，而进行诈骗使部分学生蒙受巨大的财产损失并遭受了巨大的精神打击。最后，不管是传统手段诈骗还是网络诈骗，骗子最终的核心或者共同点都是一个骗字，只要我们多加强防范心理，切实做到"三不一要"：不轻信、不透露、不转账，要及时报案。

所以，为了能让我们熟悉生活中常见的诈骗形式，增强我们在生活中遇到诈骗现象时灵活应对的防范意识，提高我们各方面自我预防、自我保护、自我应对、自我逃生的能力，学校要加强有关防范电信诈骗的宣传工作。

供稿人：严庆云

以实际行动守护考研学生安心备考

一、案例概述

在我担任本科辅导员期间，关注到大四学生的研究生选拔考试备考阶段常常会出现很多突发的情况，备考的同学面临巨大的压力，精神保持长时间的紧绷状态，身心俱疲。身体会因长期熬夜而导致免疫力降低，感冒生病，更有甚者引发严重的身体问题。部分学生也会因心理濒临崩溃导致心理危机，出现厌学、抑郁等情况。

案例中刘同学是一名大四的学生，因备考研究生考试，身体、心理都相继出现了问题。刘同学因复习起步晚，与其他同学相比后不能接受现实，心理临近崩溃，刘同学主动与辅导员进行沟通，辅导员多方对其进行疏导。同时刘同学也因复习考研在身体上出现了相应问题，为考研同学的身心健康敲响警钟，辅导员帮助刘同学平稳渡过难关。

二、分析与应对

刘同学是一名大四学生，该生从 7 月开始备考，准备 12 月份的考试，又因备考开始较晚，学生自认为与其他同学的差距很大，进而产生焦虑的情绪。学生与我主动沟通多次，向我表达了自己情绪的波动，我也有针对性地为刘同学进行了心理疏导，请专业心理老师与该生多次开展心理谈话。

该生还患有高血压，辅导员在得知学生经常熬夜后，考虑到晚睡早起的习惯会引发身体不适，尤其是对心脏的负荷较大，便嘱咐同宿舍的同学多留意刘同学的身体情况，如有不适要立刻通知辅导员。一次，刘同学在教学楼进行自习时，突然感到心脏绞痛，呼吸不畅，同时出现冒冷汗等症状，该生第一时间打电话联系到室友，室友立刻联系辅导员，并同时赶往现场。我第一时间拨打120 与校医院值班电话，联系学部领导老师进行报备，赶到教室查看学生情况。

校医到场后，指导学生完成指定动作缓解症状，十分钟后学生不适症状有所缓解，120急救车将学生运送到就近医院，我陪同学生完成检查并开药后，返回学校。

在返回学校后，我并没有放松对刘同学身体、心理上的关注，我先是与刘同学进行沟通，建议他提高做题时的专注度，提高效率，保证比较充足的睡眠。因刘同学已经产生过比较紧急的身体问题，我嘱咐学生如有不适要立刻联系辅导员，同时我联系家长，告知家长刘同学的现状，家长因在外地，同时因特殊情况不方便来北京接孩子回老家，学生想继续在校复习，我便叮嘱其室友在条件允许的情况下尽量一起进行复习，单人学习时则在图书馆或有人的教室进行学习，如果出现突发情况时，能够有他人帮忙处理、通知，避免出现危险。我与学生认真诚恳地进行了沟通，学生自己也认识到现在考研的复习节奏可能会使自己扛不住，对我的建议表示接受，他表示会尽量控制学习时间，保证充足的休息，对自己的身体负责，对家长的关心负责，不因小失大。同时，我也理解学生复习心切，为班级同学请来任课老师进行专门的辅导，以此缓解考研同学的紧张情绪。刘同学在后续的学习中，没有出现身体不适的情况，由于休息充足，他的情绪也趋于稳定，没有出现太过焦虑的情况。

三、反思与启示

作为辅导员，我们要时刻做好人文关怀，关心学生的学业、生活情况，关注学生的身心健康，让考研的同学们感受到他们不是一个人在"战斗"，而是用自己的学习，为自己的人生打好关键一仗，身体是革命的本钱，更要保护好自己的身心健康。在后续的工作中，我持续用实际行动保障考研学生得以顺利完成备考。

同时，考研同学同样面临学业和就业规划的问题。大四学生处于身份转化的关键时间，矛盾点多、心理压力大。因此通过发放调查问卷等方式，从学业困难、情感困扰、求职压力等不同层面对毕业生心理状况进行系统梳理，联动各部门形成工作合力，有针对性地开展就业辅导与心理疏导，防患于未然，作为辅导员，我也会积极做好就业精准帮扶，了解学生的就业意向，有针对性地进行就业规划。

供稿人：王昊

生活总是要继续
——目睹生命猝然中止后的哀伤辅导

一、案例概述

冬日上午的大课间，一个女生在教室休息的时候突然昏厥，倒在了地上。班级大多数同学，尤其是本宿舍的同学目睹了这一突发事件，大家紧急拨打120，报告医务室，同时报告了辅导员。医务室大夫当场进行了施救，在救护车及时到来后进行抢救的过程中，该生始终没有心跳和血压，初步判断是猝死。后经医院一天的抢救后，宣布为心源性猝死，生命因无力挽救而逝去。

为了抚平当时现场同班学生们的恐慌焦虑情绪，确保同学们的心理健康，在第一时间，在我院团体辅导室召集了不同程度情绪波动的学生和与其关系较亲密的同宿舍女生共八人进行了心理危机干预——创伤与哀伤辅导。此时，学生还在医院 ICU 中抢救，但已宣布脑死亡，只有呼吸机还可以暂时维持她的心脏基本功能，心跳尚在。

二、分析与应对

（一）心理哀伤辅导

辅导开始时，大家围坐在一起，学生们十分沉默，气氛悲伤低沉。我直接进入主题："xxx 同学今天突发疾病，我们都很难过，此刻我们也帮不了她，只能祈祷命运发生奇迹。我知道大家此刻都心情沉痛，但是，生活还是要继续，让我们一起来共同度过这个艰难的时刻，温暖彼此吧。"

1. 首先共同回顾一下当时的情况，把每个人的感受说出来。（如果不愿意，不要勉强）不用考虑当时的感受是否符合道德与行为规范，只是把当时的心情描述出来即可。

2. 在分享的过程中启发每个人思考：为什么我会这样？比如，害怕是因为什么？想到了"死"，想到了曾经经历过的事件……

3. 通过这个突发事件，我们可以想到什么？最直接的想法是什么？

4. 我们现在能为自己做点儿什么（启发思考，将注意力转移到现实中来）。

（二）在团体活动进行中，学生们自述出困惑

1. 出现此事后，感觉有些人就站在旁边，却并不伸出手来帮忙，为什么会这么冷漠？

2. 总觉得自己很坚强冷静，但发现自己依然没有长大，还是孩子，依然比较脆弱。

3. 伤痛让自己不想吃饭，无法闭上眼睛，只是想哭。

（三）针对上述问题的指导要点

1. 让每个学生都谈谈自己的感受，把悲伤、恐惧尽量释放出来，通过彼此的分享来发现共同点，建立心理支持。

2. 不采用灌输的方式宣讲，而是用启发、询问的方式引导学生们回答问题。

3. 要感同身受，怀着一颗同理心去和学生们分享彼此的心情与态度，产生共情。

4. 给学生们一个思考和过渡的时间与空间，允许其有退缩和软弱的表现，允许不能坚持上课的学生当天的课程按事假处理。

5. 结束时一定要让每个人感受到彼此的温暖与支持，让大家手搭着肩互相拥抱，共同加油，用"一切都会过去的，一切会更好"来共同勉励。

6. 给情绪沉浸的时间有个界定，如：24 小时，让自己第二天按照往常去作息，用现实慢慢褪去回忆。允许自己有伤心、难过的情绪，告诉自己"没关系，慢慢来"，不要急于求成，不要苛责自己，让自己立刻重新恢复快乐。

（四）实际效果

1. 澄清了对自己的错误理解，如是自己不够冷静，耽误了几分钟去找大夫，而使 xxx 同学没有抢救过来。自己学过人工呼吸，但由于紧张忘了使用此方法而延误了时机等。

2. 澄清了对他人的错误理解：为什么袖手旁观，有可能是吓慌了，或者缺乏救人的常识，不知道该怎么做。

3. 看到了自己很需要具备的技能，如珍爱生命、学会救护基本常识等。

4. 感受到了来自其他同学、来自老师、来自学校温暖。

5. 学会了坚强理性地对待生活，珍爱每一天。生活要继续，要努力把握每一天。

三、反思与启示

1. 创伤是不可避免的，但恢复平衡状态却是越快越好，对这一事件的及时介入，进行哀伤辅导，使当事学生能够正视死亡，思考生命的意义，是非常必要且具有积极意义的。

2. 自我的成长总是在经历挫折和困境后产生质变，最重要的是学会如何对待。将懊悔的能量转为"下一次我一定能做好"，这种情绪的转移具有很强的实践意义。

3. 充分发挥团体小组的作用，通过学生之间的相互支持来应对危机，发挥朋辈辅导的作用。

供稿人：解丹坤

04

就业规划篇

就业是最基本的民生，就业稳则民心安、社会稳。党中央、国务院高度重视就业工作，深切关怀高校毕业生等青年就业问题。围绕促进高校毕业生等青年就业，习近平总书记发表了一系列重要论述，提出了明确要求，强调"要为青年铺路搭桥，提供更大发展空间，支持青年在创新创业的奋斗人生中出彩圆梦""高校毕业生要转变择业就业观念，只要有志向就会有事业，只要有本事就会有舞台"。这些重要论述，为青年创新创业教育指明了方向，也为辅导员的工作提供了重要指导。

辅导员作为离学生最近的人，既要成为学生学习旅程中的引路人，又要成为学生职业规划的贴心人。在"稳就业""保就业"政策的不断深入下，辅导员的作用越来越大，不仅需要帮助学生更好地"立大志、明大德"，更需要引导学生"成大才，担大任"。

在这样的时代背景下，辅导员的工作不仅是一份职责，更是一份使命。每个学生都是独一无二的，有着不同的家庭背景、兴趣爱好、发展方向，辅导员要因材施教为学生提供个性化指导，帮助学生找到自己专属的未来发展之路。与此同时，辅导员要紧跟时代步伐，积极响应国家政策号召，加强对学生的就业指导和服务，帮助学生拓宽就业渠道，提高就业竞争力，引导学生形成"行行可见功，处处能立业"的就业观。另外，辅导员不能闭门造车，应该"走出去"，从社会中发掘资源，为学生提供更多的资源，强化学生的专业本领，注重理论与实践相结合，为学生创造更多企业参观、实习就业的机会，为学生争取更多的实习和就业机会，帮助学生求得真学问，练就真本领。

本章案例，精选了一些辅导员工作中的真实案例，这些案例不仅展示了辅导员工作的成果，也体现了学生在辅导员的帮助下所取得的进步和成长。希望能够在帮助辅导员梳理自己工作的同时，为其他辅导员提供一种参考，希望能够引起交流和讨论，共同促进学生形成良好的成才观、就业观，帮助学生顺利毕业、成功就业。

对专业的迷茫

——大一新生的职业生涯规划辅导

一、案例概述

小王同学是一名大一新生，进入大学后，他面临着与高中完全不同的学习节奏和环境。由于缺乏适应和调整的能力，他对自己的专业产生了困惑，上课经常跟不上老师的节奏，课后也不知道如何去找相关资料来学习。同时，由于性格内向，他也没有主动寻求身边老师和同学的帮助。这些因素导致他对未来的不确定感加深，产生了放弃读大学的想法。对此，我进行了细致的观察，并决定与他进行深入的交流，试图了解他背后的困惑和面临的挑战。

二、分析与应对

进入大学后遇到适应难题是很多大一新生都会面临的问题。与高中稳定的环境相比，大学带来的自由度和多样性让小王同学有些无所适从。

在与小王同学的沟通中，我了解到他主要面临三方面的问题。首先，与高中时期相比，大学课程的深度和广度都大幅增加，他感到难以跟上老师的授课节奏；其次，对于如何自主寻找学习资料和拓展学习，他显得无所适从，缺乏有效的方法和途径；最后，性格内向的他在遇到问题时，没有主动寻求身边老师和同学的帮助，导致问题越来越多。

据此，我主要从以下五方面来帮助小王同学：

1. 深入了解学习困惑

我与他一起分析他的课程作业和考试成绩，找出他学习中的难点。同时，我也给他提供了学习资源，通过成绩优异的同班同学的推荐，我告诉了小王同学一些专业相关的书籍、在线课程网址，帮助他培养自主学习的能力。此外，我还向他介绍了一些学习策略和技巧，例如，制订学习计划、如何阅读和理解学术文献等，以帮助他更好地适应大学学习生活。

2. 提供学业支持

除了提供学习技巧指导外，我还向他介绍了学校的学术资源和支持服务，例如，学术讲座、辅导课程、图书馆等，鼓励他参加学术俱乐部或研究小组，与其他学生进行学术交流和合作，提高他的学术能力和人际交往能力。

3. 激发学习兴趣

我向他介绍了校内一些有趣的课程和活动，例如，实验、社会实践、文化交流等，以帮助他更好地了解和感受学习的乐趣。同时，我还鼓励他尝试参加一些竞赛和项目，例如，科技竞赛、创新创业大赛等，以增强他对学习的积极性和主动性。

4. 建立人际网络

请专业老师和学长对小王同学进行一对一辅导，解答他的疑问，指导他掌握学习技巧。我还向他介绍了一些社交技巧和礼仪，例如，如何与人交往、如何表达自己的观点、如何处理人际关系等，以帮助他更好地融入大学社交圈。

5. 制订职业生涯规划

对专业的迷茫很大程度上是因为他没有做好职业生涯规划。我和小王一起进行了专业分析和自我剖析，了解自己的兴趣和热情所在，为他提供了职业指导和建议。我还邀请了专业老师和已经毕业的校友分享他们的职业经验和成功故事，以帮助小王更好地了解和规划自己的职业生涯。

通过以上措施，小王同学逐渐从专业迷茫中走出，在解决了他的学习和职业困惑之后，一步一个脚印地在本专业进行攀登。

三、反思与启示

通过这次案例，我深刻认识到职业生涯规划在帮助学生适应大学生活和确定未来方向方面的重要性。作为辅导员，我们需要关注学生的个体差异和需求，提供针对性的辅导和支持。同时，我们也要引导学生树立正确的职业观念和人生价值观，培养他们的自主学习能力和创造性思维，帮助他们发现自我、发展自我并实现自我价值。

在此过程中，我也发现自身存在一些不足之处。例如，在学习方法指导上缺乏更具体的建议；在激发学习兴趣方面还可以更多地引入实践性和体验性的活动等。这些反思有助于我在今后的工作中不断改进和提高自己的辅导水平。

总之，通过辅导小王同学，我不仅帮助他走出了困境，找到了适合他的学习和职业发展方向，同时也让我自身得到了成长和提高。在今后的工作中，我将继续关注学生的需求和变化，不断改进辅导方法并提高自己的专业素养，为更多学生提供有益的辅导和支持。

供稿人：刘诗桐

专业没兴趣，未来没方向

一、案例概述

Z 同学是信息安全专业的大三学生，最近她向辅导员透露了自己对当前专业的厌倦以及对未来的迷茫。辅导员与 Z 同学展开了深入交流。Z 同学表示，自己在报考专业之初对专业了解不多，随着学习的深入，自己感到对专业内容提不起兴趣，也觉得并不适合从事信息安全相关的职业。学生十分迷茫，不知道目前的学业发展和未来的职业规划应当何去何从。

在与 Z 同学的交流中，辅导员发现她主要面临以下问题：

1. 对当前的信息安全专业失去兴趣，不知道如何继续学习。

2. 对于未来的职业方向没有明确的规划，不清楚自己适合哪种职业。

3. 对于跨专业考研或其他途径的转专业选择存在疑虑。

二、分析与应对

辅导员深知 Z 同学面临的问题具有一定的普遍性。许多大学生在面对专业选择时，都可能因为对专业的片面理解或者对未来的不确定性产生困惑。为了帮助她走出困境，辅导员决定采取以下措施：

1. 深入了解情况

在接到 Z 同学的反馈后，辅导员意识到她可能正经历着一些纠结和思考。通过耐心倾听和理解，辅导员了解到 Z 同学对于信息安全专业的真实感受，发现 Z 同学对专业课程的兴趣不高，也不知道如何为未来的职业做准备，对未来职业方向感到迷茫和担忧。

2. 提供专业咨询

为了帮助 Z 同学更深入地了解信息安全专业的利弊以及未来就业趋势，辅导员邀请职业规划师为 Z 同学提供咨询。职业规划师为 Z 同学深入分析了专业的特点、未来的就业方向以及职业发展的可能性。通过咨询，Z 同学对于信息安全专业有了更清晰的认识，了解到这个专业的就业前景和发展方向，也意识到需要付出更多的努力和时间去学习，以此来提高专业技能。

3. 共同探讨解决方案

辅导员与 Z 同学一起探讨了可能的解决方案，包括转专业、跨专业考研以及未来的就业选择。根据 Z 同学的兴趣和理想，辅导员建议她可以考虑跨专业考研或选择与信息安全相关的其他专业。在探讨过程中，Z 同学逐渐明晰了自己的目标和方向。她选择跨专业考研，并开始积极寻找适合她的研究生专业。此外，她还决定参加一些与自己感兴趣领域相关的社会实践活动，以积累经验和拓展人脉。

4. 鼓励实践与探索

为了帮助 Z 同学更好地了解职业的真实工作模式，辅导员鼓励她利用寒暑假去参加实习或短期实践。通过实践，Z 同学可以更直接地感受到自己对于不同职业的喜好和适应程度。同时，辅导员也鼓励 Z 同学多参加各种社会活动和讲座，拓宽自己的视野和知识面。

在辅导员的引导和帮助下，Z 同学开始积极寻找实习机会。她参加了一次社会实践活动，有机会与不同职业的人士交流和学习。通过实践，Z 同学对于不同职业的真实工作模式有了一些了解，也对自己的学业和职业生涯规划有了进一步的思考。

三、反思与启示

（一）关注学生个体

每个学生都有独特的兴趣和需求，辅导员需要关注学生的个体差异，倾听他们的声音，了解他们的困惑和期望。只有真正了解学生的内心世界，才能为他们提供有针对性的指导和支持。

（二）职业规划的重要性

帮助学生建立明确的职业规划非常关键。这不仅有助于他们明确学习目标，还能增强他们的就业竞争力。辅导员需要引导学生思考自己的兴趣、优势和价值观，帮助他们找到适合自己的职业方向。

（三）鼓励尝试与探索

大学生正处于探索自我、发现自我的重要阶段。辅导员应该鼓励学生去尝试新事物，去探索不同的领域，发现自己的潜力和兴趣。只有通过实践，他们才能真正了解自己，找到最适合自己的道路。

（四）持续沟通与支持

学生的成长和发展是一个长期的过程。辅导员需要与学生保持密切的联系，持续为他们提供支持和指导。无论学生遇到什么问题，辅导员都要积极应对，给予他们必要的帮助和支持。

这个案例让辅导员认识到，作为学生的引路人，辅导员需要以更加细致和耐心的态度去关注学生的需求和困惑。只有通过深入了解、专业咨询、共同探讨和鼓励实践探索相结合的方式才能帮助学生在学业和职业生涯中做出明智的选择，此外还需要不断地反思和总结，为今后的工作提供有价值的参考，帮助更多的学生解决困惑、实现个人梦想。

供稿人：王爱渌

别让天赋和理想成为自己的负担

一、案例概述

G同学以其在专业上的出色表现和对人工智能的浓厚兴趣而备受瞩目，专业成绩排名前二，获得过世界级、国家级竞赛的一等奖，发表了专业相关的论文、专利、软件著作。大四的保研季，他不仅要应对来自家庭和社会的期望，还要承受自己内心对于理想和天赋的沉重负担。在这种情况下，G同学开始感到极度的焦虑和不安。G同学希望能去到像清华大学这样的更高等学府进行深造，但是五六月份各高校夏令营的屡屡失利则让他倍感受挫。

二、分析与应对

了解到G同学内心的真实想法后，辅导员判断这是关于保研动机、职业发展规划、自我评价、价值观、世界观等方面认知的问题，于是采取以下做法：

1. 识别焦虑源头

G同学的焦虑主要来自对自身天赋和理想的期望。他深感自己在计算机领域有着出色的表现，同时对人工智能充满热情，但这也让他感到了巨大的责任和压力，且G同学在各高校的夏令营中情况均不理想，而同届其他专业同学都拿到了如北大、北航等好学校的offer。G同学曾经对保研充满信心，但面对实际结果后感到无力和沮丧，他对自己的期望非常高，之前的成绩和荣誉让他觉得自己似乎应该被更好的学府青睐。如今他担心自己无法达到自己和家人的期望。

2. 辅导员介入

辅导员得知G同学的困扰后，首先与他进行了单独交流。在谈话初期，G同学表现出一定的警觉，强调自己一直在为保研而努力。后来辅导员通过倾听和耐心引导，使G同学逐渐敞开心扉，表达了内心真实的焦虑和不安。其次辅导员表示理解他的心情，并强调每个人都会面临失败和迷茫，这并不代表他的天赋和努力就此作废。在大学生涯中，许多学生都会面临保研的压力，特别是那些怀揣理想和拥有天赋的学子。最后，辅导员通过倾听、理解和引导，帮助G同学缓解了焦虑和不安情绪，启发了他对未来的新思考。

3. 了解个人定位

在深入交流的过程中，辅导员帮助G同学更清晰地认识自己。通过询问他对计算机专业和人工智能的热情是否真实，以及是否愿意在这个领域长期奋斗后，帮助G同学思考自己真正的兴趣和志向。同时，辅导员也了解到G同学在追求理想的过程中可能由于过于紧张，忽略了自己的兴趣和内在动机。

4. 调整思维方式

辅导员引导G同学审视自己的天赋和理想，并帮助他正视其中可能存在的过度期望。通过倡导一种平和、理性的思考方式，鼓励G同学将理想看作是前进的动力而非束缚，将天赋视作是发展的起点而非枷锁。这有助于G同学更轻松地面对保研的压力，找到自己的定位。同时，辅导员还提醒G同学不要将自己的价值仅仅建立在保研结果上，人生的路还很长，失败并不是终点，而是通向成功的一部分。

5. 制订个性化的保研计划

针对G同学的兴趣和能力，辅导员与他一起制订了更为个性化的保研计划。包括明确自己的职业发展方向、选定适合自己的研究方向，以及积极参与实习和项目经验。通过计划，G同学更能在保研的过程中找到自己的价值和定位，减轻了焦虑感。

三、反思与启示

在处理类似案例时，辅导员需要注意以下五点：

1. 倾听与理解

首先要倾听学生的真实感受，理解他们的焦虑和困扰。只有真正理解学生的内心需求，才能提供更有针对性的帮助。

2. 引导自我认知

帮助学生审视自己的兴趣、价值观和天赋，引导他们从更全面、客观的角度认识自己，这有助于学生形成更清晰的人生规划。

3. 理性思考与目标设定

培养学生理性思考的能力，使其更加理性地看待自己的天赋和理想。同时，帮助学生设定合理、可行的目标，避免过度追求完美。

4. 个性化指导

针对每个学生的独特性格、兴趣和能力，提供个性化的指导和建议。通过制订个性化计划，帮助学生更好地适应自己的发展轨迹。

5. 心理健康关怀

在帮助学生规划未来的同时，关注他们的心理健康。鼓励学生寻求帮助、表达情感，以维护其心理健康稳定。

供稿人：王爱渌

出国留学的压力和焦虑

一、案例概述

大四学生 Y 同学打算申请出国留学。在她的申请过程中，她感受到了巨大的压力和严重的焦虑，因为这对她来说是一个新颖且重要的阶段。Y 同学希望辅导员能够提供一些指导和支持，帮助她理清思路并减轻焦虑情绪。

Y 同学描述了她面临的挑战：她感到在众多申请人中不够突出，对自己的实力和申请材料缺乏信心。这导致了焦虑情绪的增加，让她难以专注于准备申请所需的文件和材料。她也提到了对未来的不确定感，担心自己的选择是否正确，是否能够适应新的环境和挑战。

二、分析与应对

辅导员以倾听和支持为主，了解了她对留学的渴望和目标，并对可能产生焦虑的问题表示理解。辅导员鼓励她以逐步计划的方式处理申请事项，包括制订明确的时间表和分解任务，以减轻压力。

辅导员鼓励她分享自己的情绪和困惑，不仅为她提供了关于留学申请的建议，更重要的是，给予了她情感上的支持和理解。辅导员的目标是确保她在申请过程中不只得到技术上的指导，还能够保持健康的情绪。在咨询过程中，辅导员强调制订一个可行的计划，帮助她分步完成申请的各个阶段。这不仅有助于减轻她的焦虑，还使她更清晰地了解了整个过程，并在每个阶段取得进展后获得满足感。辅导员帮助她制订了一份个人时间表，分解任务并明确目标，避免因为焦虑而感到压力过大。

辅导员和学生深入讨论了她的担忧，试图了解焦虑的根源。在这个阶段，支持是至关重要的。首先，辅导员建议她寻求留学中介的帮助。这可以提供专业的指导，为她的留学申请提供有力支持，并减轻她对申请流程的不确定感。其次，辅导员鼓励她主动与其他有类似经历的同学交流，找到更多解决问题的途径。

除此之外，辅导员认识到放松和情绪管理对于缓解焦虑也非常重要。辅导员分享了一些放松的技巧和方法，比如，呼吸练习、冥想或瑜伽，这些方法可以帮助她在焦虑情绪高涨时保持冷静。辅导员还鼓励她寻找适合自己的放松方式，比如，阅读、散步或听音乐，让她在忙碌的申请过程中有时间恢复和放松。

对于留学申请方面，辅导员提供了部分指导。辅导员着重提供了针对申请材料和个人陈述的指导。辅导员和她分享了准备材料的一般步骤，包括如何突出自己的优势、编写有力的个人陈述和选择合适的推荐信内容等。材料的整体一致性和清晰性也很重要。

此外，辅导员也指导她选择合适的项目和学校。这不仅涉及学术方面的匹配，也包括了校园文化、地理位置等因素。辅导员建议她积极地与学校的留学办公室联系，并利用各种咨询服务和网络资源，例如，学生论坛、社交媒体以及学校提供的信息平台。以获得更多关于学校和项目的信息，并与已经有过类似经历的人进行交流和经验分享。

最重要的是，辅导员会持续支持和鼓励她，让她知道她不是孤单的，有人可以依靠和倾诉。辅导员会强调坚持和积极应对挑战的重要性，同时也提醒她接受自己的情绪，并学会缓解焦虑和压力。在整个过程中，辅导员尽最大努力确保她感到被理解、被支持和被鼓励。

三、反思与启示

学生的焦虑和压力是常见的情绪。辅导员的角色不只是为他们提供信息和技能，更是支持他们面对挑战时的情感依靠。时间管理、自我关怀和情绪调节同等重要，心理健康在教育中的重要性不言而喻。辅导员开始更积极地探索情感支持和心理健康的培训课程，以更好地理解和满足学生的需求。

每个学生都有自己的故事和挑战，学生的多样性和独特性需要辅导员的指导，方法需要更加灵活和个性化。在帮助学生应对焦虑和压力时，辅导员需要更多地倾听他们的声音，尊重他们的需求，确保指导能够贴合他们的情况和愿望。

这次咨询是一次宝贵的经历，让辅导员在教育工作中得到了一次重要的经验：学业成功的背后，更深层次的是学生的情感健康和发展。这需要辅导员作为教育工作者不断探索、学习和提升，以更好地满足学生的全面需求。辅导员将继续努力，为学生提供更全面、更温暖地支持和指导，以确保他们在学业和情感上都能茁壮成长。

供稿人：王爱渌

学生择业迷茫，多重保障促就业

一、案例陈述

毕业生小张，就读于电子信息工程专业，在面临就业选择的关键时刻，却陷入了迷茫与困惑。在大学四年的学习生活中，他的成绩优异，通过不断地学习与实践，具备了丰富的专业知识。然而，在面对现实的就业竞争时，他却陷入了迷茫和焦虑。在求职过程中，小张深刻感受到电子信息工程领域竞争的激烈。尽管他在大学期间取得了一定的成绩，但在求职市场上，他发现自己的经验和技能并不足以让他脱颖而出。他投递了数十份简历，收到的面试机会却寥寥无几，这使他倍受挫折。

经过多次的挫折和打击，小张开始对自己的能力和职业选择产生怀疑。这种负面的情绪和心态导致他在求职过程中变得更加消极被动，甚至有些原本可以争取的机会也被他错过了。

随着时间的推移，小张的心态发生了微妙的变化。他开始思考除了传统就业之外的其他可能性，或者选择继续深造，以提高自己的竞争力。这种心态的变化导致他有一段时间处于"慢就业"的状态。

学部"一生一策"帮扶机制发现了小张的特殊情况，将其纳入重点关注体系，全员指导、全程服务、全方位提升，帮助小张顺利就业。

二、分析与应对

（一）倾听与引导

在初次会面中，辅导员了解了小张的就业困扰。他分享了自己对行业内不同细分领域的迷茫，以及对职业生涯的期望和担忧。通过他的阐述，辅导员更加全面地了解了他的状况，为对他提供针对性的职业辅导奠定了基础。为了更好地帮助小张，我首先对他的困惑进行了梳理，将他提到的问题进行了分类和分析。其次，辅导员引导他认识到，在职业生涯中，了解自己的兴趣及能力的优势和劣势至关重要。

（二）职业兴趣和价值观评估

运用 MBTI 及霍兰德职业兴趣测试等手段，帮助小张深刻理解自身性格特质、兴趣爱好及潜在优势。经过一系列职业测评与访谈，我们对小张的职业兴趣与价值观进行了共同评估。在探讨其兴趣、技能、价值观及对未来职业期望的过程中，为寻找更契合其个人特质的职业提供了指引。

（三）探讨职业选择与市场趋势

基于对小张的评估结果，我们深入讨论了与他兴趣相关的职业选择，并研究了当前就业市场的趋势、行业规模、企业需求等方面的信息，帮助小张对行业有更为全面的了解，他能够更明晰地看到自己在其中的定位。

（四）制订个性化的职业发展计划

结合小张的兴趣和就业市场的分析，对小张的职业目标进行 SWOT 分析，明确他的优势（strengths）、劣势（weaknesses）、机会（opportunities）和威胁（threats），制订更具针对性的策略以及个性化的职业发展计划。其中包括明确的短期和长期目标、提升必要技能的计划以及寻找实习和工作的方向。

（五）提供求职技能培训和资源

为了提升小张的求职竞争力，辅导员向其提供了相关的求职技能培训和资源，包括就业政策解读、简历诊断、面试技巧辅导、企业直推等全程服务与指导，帮助他更好地应对择业过程。

三、反思与启示

（一）广拓市场渠道，深挖就业岗位

持续加大力度，充分利用市场化就业渠道，全面深入，拓展市场就业岗位，努力保障毕业生实现更加充分、更高质量就业。积极落实访企拓岗工作要求，深入一线与企业对接、与市场对接，精准匹配供需，提升就业质量。

（二）用好岗位政策，拓展就业空间

依托国家就业创业政策，引导毕业生在基层就业。做好"特岗计划""三支一扶""西部计划"等基层服务项目宣讲解读工作。吸引毕业生奔赴基层干事创业，将青春融入建设祖国的伟大征程。

（三）提供暖心服务，力促精准就业

1. 持续加强就业指导，通过开展企业参访、企业名师讲堂等专题就业指导系列活动，深入解析如何应对职场变化、提供简历撰写指导、面试求职培训等服务，帮助毕业生提升求职技能。

2. 强化个性化指导服务，落实"一生一策"帮扶制度，向毕业生多轮提供就业指导、就业岗位推荐、技能培训、就业见习机会，精准开展个性化服务。

供稿人：王源

迷茫的旋律
——学业、社交与家庭之挑战

一、案例概述

S同学，专业为计算机类，在校期间表现优异、成绩优秀，积极参与了学校的各类科技创新项目和社会实践活动。在大二、大三期间，S同学获得了多项学业奖学金，还完成了计算机专业相关的实习，在学习和科研上取得了可喜的成果。但随着毕业的临近，S同学开始面临一个新的挑战——就业。学生也承担着家人期望压力，由于家庭经济状况一般，学生渴望通过自己的努力为家庭提供更好的生活条件，早日分担家庭经济压力。与此同时，突如其来的新冠疫情给就业市场带来了更多的不确定性，很多企业暂停招聘或推迟招聘计划，增加了S同学找到理想工作的难度。在这个充满挑战的时期，S同学希望通过理性思考和深入调研，找到既符合自身发展需求又能够应对家庭和环境压力的职业选择。

二、分析与应对

在学生面临职业选择压力的过程中，辅导员的职责是引导学生全面思考，帮助学生做出理性决策，这在面对家庭因素和疫情的双重影响下更为关键。

1. 认识到S同学的优势和挑战

S同学在大学期间所拥有的出色的学业成绩和丰富的实践经验是他职业发展的有力支持；然而家庭的经济状况、对家人期望的责任感，使得学生在选择职业时需要更为谨慎；疫情的不确定性也为他的就业带来了额外的难题。基于此，辅导员引导其深入了解自己的兴趣和价值观。通过定期心理咨询和职业测评，帮助学生发现自己的职业偏好、潜在兴趣，以及对不同行业的适应性；这有助于学生找到符合个人发展需求的方向，提高职业生涯的满意度。

2. 鼓励S同学了解就业市场的实际情况

疫情对各行业都产生了一定的影响，辅导员通过提供计算机类的就业市场分析报告、互联网行业前景预测等信息，并通过鼓励参加校企合作的项目，更多地了解就业市场情况；邀请已就业的学长学姐开展线上线下的就业分享会，理清各行业的优势与劣势，帮助学生理性看待疫情带来的不确定性；这些举措有助于学生在职业选择时更加理性地权衡风险与机遇，减少不必要的焦虑。

3. 引导 S 同学更有效地规划和管理个人财务

在解决家庭经济压力方面，引导学生在空余时间寻找与专业相关的兼职或实习机会，提前积累实践经验，毕业后更容易找到理想的工作岗位。这不仅能够缓解自身存在的经济压力，还有助于学生更好地融入职场。鼓励学生与家长积极沟通，能够使学生更好地理解家人的期望，同时向家长传达自己的困难、理想和努力方向，达成一致的认知。这样可以减轻学生的心理负担，更专注于自己的职业规划。

通过以上综合措施，S 同学可以更全面地思考职业选择，合理权衡各种因素，做出更明智的决策。这为其职业生涯奠定了坚实的基础，使其更好地应对未来的挑战。

三、反思与启示

（一）了解学生的家庭情况

家庭经济影响到学生的职业选择和对就业的期望。辅导员应主动引导学生与家人进行深入沟通，帮助学生理清职业规划。这需要在平时的工作中加强与学生的联系，倾听他们内心的困扰和期望，使辅导工作更符合学生的实际需求。辅导员可以通过更多渠道为学生提供经济援助信息，引导学生主动寻找与专业相关的兼职或实习机会，提前规划个人财务，从而在毕业后更好地应对经济压力。

（二）全面了解职业市场情况

疫情对就业市场造成了不小的冲击，给学生的就业带来了额外的不确定性。辅导员应及时关注就业市场的变化，通过对接院校就业中心，向学生提供即时的行业信息和趋势分析，帮助学生更好地了解各行业的发展前景，为学生的职业选择提供科学依据。建立与用人单位、企业的紧密联系，获取最新的招聘信息和职业发展趋势，为学生提供更精准的就业指导。

（三）培养学生的职业规划意识和能力

学生在面对就业压力时表现出一些焦虑和迷茫可能与学生在职业规划上的一些短板有关。辅导员需要更加强调培养学生的职业规划意识，引导学生在大学期间制订并实施职业规划，明确自己的发展方向。通过为学生提供职业规划课程、辅导员工作坊以及个性化咨询服务，帮助学生建立清晰的职业目标和规划路径，提高应对未来职业挑战的能力。

供稿人：李安东

聚焦主要问题，化解学生就业难题

一、案例概述

小 A 是一名普通的大四学生，大学期间成绩中等，没担任过学生干部，也没有突出的特长。即将毕业的他对找工作感到很无奈，他发现自己看中的用人单位对竞聘者的要求较高，个人的条件不够，给很多公司投递简历后都没有回音，于是一拖再拖，临近毕业了都没有找到工作。眼看身边的同学都陆续有了着落，出现了焦虑和紧张的情绪，甚至出现了逃避就业的想法。

二、分析与应对

A 同学由于对自我认知和岗位认知不全面，个人就业需求和职业目标不明确，求职择业能力不足导致个人求职受挫，就业进展缓慢，并陷入消极的状态，这是毕业生常见的问题。可以借鉴明尼苏达工作适应论、社会认知生涯理论对此类毕业生开展精准就业指导工作，帮助他们端正自我认知，了解个人真实需求，提升求职效能感，激发就业行动力，最终获得理想工作。

首先，帮助小 A 进行职业规划和自我认知。了解他的兴趣、技能、价值观，分析自己的优势和劣势。通过明确职业目标，可以更有针对性地找到适合自己的岗位，并更好地展现自己的优势。

其次，协助小 A 优化个人简历和求职信，突出他在大学期间的项目经验、实习经历、学习成绩等方面的亮点。同时，提供求职技巧，指导他如何撰写引人注目的自我介绍，以吸引用人单位的注意。引导小 A 积极利用社交媒体平台、校友网络和招聘会等渠道，拓展自己的职业网络。通过参与行业活动、与专业人士建立联系，提高成功求职的机会。鼓励他主动向导师、同学和校友请教求职经验。

面对找工作的压力，小 A 可能会感到焦虑和紧张。适当对其进行心理辅导，帮助他理解并适应这一过程中的心理反应。引导他采用积极的情绪管理策略，例如，定期锻炼、保持良好的作息、寻找爱好等，以减轻压力。鼓励小 A 拓宽就业渠道，不仅局限于心仪的用人单位。尝试向中小企业、初创公司投递简历，积累实际工作经验。同时，介绍给他一些招聘平台和求职网站，提醒他及时关注招聘信息。

三、反思与启示

（一）聚焦人职匹配，优先解决当前问题

进入毕业季，解决就业是首要任务，毕业生没有认清自己的个人需求和能力，以及用人单位的要求和反馈，出现"眼高手低"的现象，导致了缓就业、慢就业等问题的出现。针对这类学生，当务之急就是进行高效的人职匹配，缩小选项，聚焦目标，引导毕业生先就业后择业。

（二）鼓励积极行动，提升求职自我效能

对于求职挫败的毕业生，激发行动力是有效摆脱负向情绪的有效方法。一方面，帮助学生梳理个人成就，提炼个人优势。另一方面，树立明确目标，有意识地培养具体的求职技能，并不断给予积极反馈和鼓励，毕业生在行动中会不断获取能量，求职信心也会明显提升。

（三）积累学习经验，开展职业生涯规划

注重大学期间的生涯教育，创造条件，对接资源，帮助大学生尽早形成清晰的自我认知，探索职场世界，鼓励学生尽早提升职业生涯意识，设计、规划个人职业方向，积累丰富的与职业发展相关的学习经验，有利于帮助大学生树立正确的择业观和职业目标，提升职业技能和素养，最终收获理想工作。

供稿人：吴皓璐

"程序员" or "公务员"?

一、案例概述

田同学，男，研究生三年级，学习成绩处于中上水平，平时积极参加各类学生工作及活动，并担任研究生会主要学生干部，组织过多场大型活动，综合素质较高，为人阳光开朗、积极热情、助人为乐，与同学和老师们关系融洽。

正值毕业生找工作高峰时期，学校组织了很多场招聘会，用人单位质量高、数量也多，有的同学已经签订了就业协议书，有的同学积极参加招聘会了解信息但仍持观望态度，同学们都在讨论就业的方向和各种用人单位的情况等。

田同学主动联系辅导员说想要征求就业相关的意见，请辅导员帮忙参考该选择哪家单位。通过一段时间的观望和接触，目前有两家单位愿意跟他签就业协议，他也想在这两家单位中选择其一，一家是老家的国有企业，岗位是研发技术岗，另一家是北京的市级事业单位，岗位是综合管理岗。他想留在北京，且事业单位一向被大家认为是"铁饭碗"，是大家所向往的，但是他又觉得自己因为专业更想从事开发类的工作。家人觉得北京生活压力太大，建议他回老家，他对于这种人生重大的选择比较慎重，也想多方面听听意见。

二、分析与应对

了解情况后，辅导员判断这是非常典型的职业生涯规划和就业指导相关的问题，根据田同学个人特点、行业特点、职业特点及就业市场现状，辅导员采取以下做法为田同学进行辅导：

1. 帮助田同学分析选择因素并排序

首先，让田同学先不考虑其他因素，凭自己的第一想法对地域、企业、岗位做出选择，他选择的是北京、事业单位、管理岗，这是他认为的最优组合。其次，让他对于工作的地点、单位性质、岗位对于他职业发展的重要性进行排序并说明原因，田同学的个人排序为"岗位>单位>地域"，理由很充分，说明他对于这个问题考虑得比较全面。

2. 帮助田同学思考和分析问题的核心

得到之前的排序后，根据田同学的理由，排在最后的"地域"问题并不是让他纠结的问题，所以焦点就在"岗位"和"单位"两个选择上。

3. 帮助田同学了解更适合自己的工作

首先拿出生涯规划工具中的就业胜任力卡牌，让田同学自己按照卡牌内容代表的就业胜任力分别放置在擅长、胜任、不胜任和非常愿意、愿意、不愿意交叉的区域。根据就业胜任力评估的结果显示，从事管理类工作处于他的优势区和一、二级发展区，而从事技术类工作属于他的留存区和三、四级发展区，由此可见，田同学更适合从事管理类工作。

4. 择业指导

对于目前的情况，建议他可以先跟国企沟通，表明自己在管理方面具有一定的优势，尽力争取管理岗位，如果对方同意提供，那所有问题就迎刃而解了，如果对方不同意，他再决定选择另一家单位。最后，在慎重选择后不要犹豫，要相信自己通过勤奋的工作会有美好的前景，也要明白成年人要为自己的选择承担相应的后果，遇到困难不应该后悔当初的选择，而是继续奋斗。

三、反思与启示

1. 在职业规划和就业指导的过程中，可以使用生涯规划工具——就业胜任力卡牌、就业匹配度量表和各网站测试量表等工具辅助，帮助学生更好地认识自己并找到适合自己的工作。

2. 在学生做出职业决策时，并不是害怕决策，而是害怕决策后要面对的后果，我们应该告诉他们，决策后只要努力，任何一条路都是光明大道，不要过于纠结。

3. 有时候学生自己心里已经有了决定，但与家人或同学们想的不一样，他们来咨询只是要找到支持他们的力量，我们应该给予他们更多的肯定和支持，并鼓励他们选择后，要踏实走好后面的路来证明今天的选择是正确的。

4. 当今社会瞬息万变，曾经的"铁饭碗"已经不存在了，但固有的、陈旧的择业观还在影响着学生和家长们，选择什么样的单位固然重要，但不断学习、应对变化才是现代人应具有的、不被淘汰的能力，提高自身核心竞争力才是王道。

5. 对于应届毕业生，可以鼓励他们多尝试、多试错，大胆选择，先就业再择业，在学习和工作中不断提升自己，当自己具备了一定的能力和资源后，再创造机会或把握机会继续向成功迈进。

供稿人：刘子豪

应对学生择业焦虑，多措并举助力顺利就业

一、案例陈述

刘同学是计算机技术硕士研三学生，近期在择业过程中表现出对今后就业选择的深度忧虑。小刘在学术研究和项目中表现良好，但缺少实习的实践经验，在面临职业选择时，他感到迷茫且压力巨大。刘同学将求职目标定位在科技类大厂技术类岗位，但科技行业的快速发展及环境变化导致的人才需求不断减少，使得企业在招聘时更加注重应聘者的实践经验和技能。对于刘同学来说，尽管他拥有丰富的理论知识，但缺乏实际工作经验成为他求职过程中的一大障碍。经过多次投递简历和面试后，刘同学虽然获得了一个与专业相关的解决方案工程师的工作机会，但他认为该工作与他原本的期望相差甚远。这让他担忧自身在就业市场上的竞争力，同时对不同的工作环境和要求缺乏清晰的认识，择业陷入了困局。学部"一生一策"帮扶机制，发现了刘同学的情况，将其纳入帮扶体系，全员指导，全程服务，帮助刘同学成功就业。

二、分析与应对

（一）深入剖析焦虑来源

辅导员与刘同学进行了深入的谈话，了解了他面临的职业困惑及焦虑的根源。认识到他的主要问题在于对自身职业兴趣与定位存在迷茫，以及对就业市场缺乏充分了解。一方面，应进行自我评估，分析自身的优势和劣势，以便更清晰地认识自己的职业意向。另一方面，还应深入了解行业动态，明晰各行业的发展前景和人才需求。

（二）多元化的职业探索

为了帮助刘同学更为清楚地认识自身，我指导他进行了职业兴趣与价值观

评估。我们共同讨论了他对职业的期待、个人兴趣及价值观。基于小刘的职业兴趣，我们还进行了深入的行业研究和职业探索。通过分享行业趋势、公司文化和各类职业岗位的特点，让他逐渐对自己更感兴趣的方向有了进一步的认识。通过分享行业调研报告、邀请往届学长分享从业经历，联合导师为学生从专业的角度帮助学生分析行业发展，帮助学生更为全面地了解职业发展方向，进而作出明智的职业选择。

（三）制订个性化的职业发展计划

根据刘同学的兴趣、价值观和行业分析的结果，我们一同制订了更具针对性的策略以及个性化的职业发展计划。其中涉及他在剩余学业时间内可以参与的项目、技能的培训机会，以及寻找实习和工作的方向。

（四）求职技能的全方位培养

为了增强在求职环节的竞争力，我为他规划了一系列面试模拟及求职技能培训。内容涵盖有效应对典型面试问题、优化简历以及提升沟通技巧等方面。在实践过程中，他逐渐增强了求职的自信心。

三、反思与启示

（一）构建高质量就业指导服务体系，助力精准就业

1. 加强就业教育和观念引导

开展"就业育人"主题教育活动，引导毕业生树立正确的成才观、职业观、就业观，客观看待个人条件和社会需求，从实际出发，选择职业和工作岗位，主动投身艰苦地区、重点领域等国家需要的地方建功立业。

2. 推进就业指导全覆盖

依据学生需求，开展企业参访、企业名师讲堂等专题指导活动，深入解析职场变化、提供简历撰写、面试求职等方面的知识和指导，有效帮助毕业生提升求职技能。

3. 完善精准帮扶机制

落实"一生一策"帮扶制度，建立帮扶工作台账，精准提供指导服务、推荐就业岗位。与困难学生开展结对帮扶，确保每一个困难学生都得到有效帮助。

（二）广泛拓展市场渠道，深入挖掘就业岗位

深入开展"访企拓岗"专项行动，持续加大市场化就业渠道的开发力度。充分发挥校园招聘的主渠道作用，主动邀请用人单位进校开展招聘活动。结合毕业生求职就业意愿，努力为毕业生提供优质的就业岗位信息，实现供需双方精准匹配。

（三）充分利用政策资源，拓展就业空间

做好基层服务项目宣传解读工作，加大"特岗计划""三支一扶""西部计划"等基层服务项目的宣传力度，引导毕业生到基层就业，投身乡村振兴战略、新型城镇化建设等，实现个人价值与国家战略的紧密结合。

供稿人：王源

自我探索，迈出职业生涯第一步

一、案例概述

小齐，博士研究生一年级，成绩优异，性格偏内向，喜欢运动。作为家中的希望，他深感责任重大，希望通过自己的努力改变家庭的命运。然而，在研究生阶段的学习中，他突然对自己的专业失去兴趣，对未来的职业方向感到迷茫。他曾以为通过读书和深造，能够为家庭带来更好的生活，但现在却产生了怀疑。

二、分析与应对

辅导员曾参与多次生涯规划类课程培训，并有生涯规划师资质，运用生涯规划理论来帮助小齐重新找到方向。首先，引导他深入了解自己的性格、兴趣和能力，通过自我探索发现自己的优势和不足。其次，为了帮助小齐进行自我探索，开展谈心谈话，通过开放式的问题引导他思考自己的性格、兴趣和价值观。再次，让他使用一些自我评估工具，如性格测试和职业倾向问卷，以帮助他更客观地了解自己的优势和不足。最后鼓励他进行实践体验，通过实习、志愿服务等方式尝试不同的职业领域，从而更深入地了解自己的兴趣和能力。

通过自我探索的步骤，小齐逐渐明确了自己的性格特点，发现自己是一个外向、实际、情感和判断的人，这符合 ENFJ 型的特点。此外，他还发现自己的职业兴趣更倾向于从事研究型工作，喜欢调查、分析问题并寻找解决方案。

接着，根据霍兰德人格类型理论对小齐的职业倾向进行了分析，认为研究型人格类型与他最为符合。研究型人格类型的人喜欢独立思考、探索抽象的概念和解决复杂的问题，通常具备分析能力和创造力，并喜欢从事与智力活动相关的工作。这正是小齐擅长的领域，他善于思考和分析问题，对抽象概念感兴趣，并具备创造性的思维。

通过自我探索和分析，发现小齐的性格和兴趣更倾向于从事研究型工作。在引导下，小齐逐渐明确了自己的职业方向和目标，决定努力成为一名杰出的科研工作者。同时，他也意识到家庭对他的期望和责任，需要更加努力地学习和工作，为家庭和社会做出贡献。在辅导下，他制订了一份详细的职业规划方案，包括短期、中期和长期目标以及实现这些目标的具体措施和时间表。

小齐非常聪明，很适合目前的专业，科研能力也相当出色。对当前专业失去兴趣的主要原因可能是因为看到身边的师兄师姐在就业市场上没有找到心仪的高薪工作。对他来说，薪资待遇是一个重要的考虑因素，这反映了他的家庭确实有相关需要，他对于自己的家庭有重大的责任。因此，他并不是从根本上对自己的专业感到厌倦。

接下来，辅导员引导小齐探索自己的价值观和未来职业发展的目标。通过使用"分类卡"，发现他注重归属感、成就感、独立性、创造性和工作环境，而不喜欢刺激、冒险、管理权力和声望地位，这表明他是一个有明确喜好和追求的人。为了帮助小齐更加清晰地了解自己的职业发展目标，引导他对未来进行想象。他想象了自己在不同时间段的职业发展情景，并表达了对专业的持续热爱，这让他感到兴奋和期待。

最后，辅导员与小齐讨论了目前的专业和未来职业选择的问题，鼓励他根据自己的真实想法来考虑未来和职业选择。小齐的参与度很高，表达了对专业的喜爱和对未来的期望，并数次通过谈心谈话和沙盘推演等形式，逐渐明确了自己的职业方向和发展目标。

三、反思与启示

（一）重视自我探索与认知

在整个咨询过程中，通过引导小齐进行自我探索，帮助他更深入地了解自己的价值观、能力和兴趣，使他更清晰地认识到自己的优势和不足，以及对工作的期望和追求。在未来的职业规划和咨询中，应继续强调自我探索的重要性，为职业发展奠定坚实基础。

（二）关注情感与家庭因素

小齐的案例突显了家庭因素在职业选择中的重要性。他对家庭的眷恋和对父母的孝顺影响了他对薪资待遇的看法和对专业的选择。这提示在职业规划过程中，应充分考虑个体的情感需求和家庭背景，为其提供更加贴近实际的建议和支持。

（三）灵活运用职业规划理论和方法

在此次案例中，运用了多种职业规划理论和方法，帮助小齐更全面地了解自己的价值观和职业发展目标。这些方法使咨询过程更加生动有趣，提高了小齐的参与度和自我认知的效果。在未来的职业规划实践中，应根据个体的需求和特点，灵活运用各种理论和方法，以达到更好的咨询效果。

供稿人：刘子豪